中日韩农产品贸易增长及 RCEP背景下自贸区前景研究

张奕辉◎著

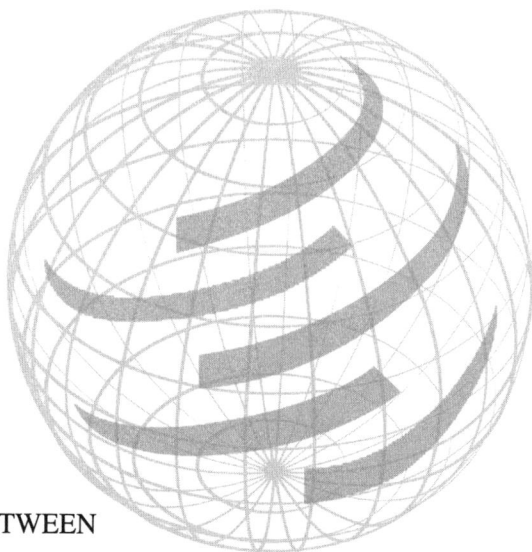

RESEARCH ON THE GROWTH OF
AGRICULTURAL PRODUCT TRADE BETWEEN
CHINA, JAPAN AND SOUTH KOREA &
THE PROSPECTS OF FREE TRADE ZONE UNDER
THE BACKGROUND OF RCEP

经济管理出版社
ECONOMY & MANAGEMENT PUBLISHING HOUSE

图书在版编目（CIP）数据

中日韩农产品贸易增长及 RCEP 背景下自贸区前景研究/张奕辉著 . —北京：经济管理出版社，2023.9

ISBN 978-7-5096-9279-0

Ⅰ.①中⋯　Ⅱ.①张⋯　Ⅲ.①农产品贸易—国际贸易—关系—自由贸易区—经济发展—研究—中国、日本、韩国　Ⅳ.①F746.2 ②F741.2

中国国家版本馆 CIP 数据核字（2023）第 179510 号

组稿编辑：郭丽娟
责任编辑：乔倩颖
责任印制：许　艳
责任校对：蔡晓臻

出版发行：经济管理出版社
　　　　　（北京市海淀区北蜂窝 8 号中雅大厦 A 座 11 层　100038）
网　　址：www. E-mp. com. cn
电　　话：（010）51915602
印　　刷：北京晨旭印刷厂
经　　销：新华书店
开　　本：720mm×1000mm/16
印　　张：9.25
字　　数：161 千字
版　　次：2023 年 10 月第 1 版　　2023 年 10 月第 1 次印刷
书　　号：ISBN 978-7-5096-9279-0
定　　价：88.00 元

摘　要

近 10 年来，同处于东北亚①的中国、日本和韩国三国区域内农产品贸易快速增长。2021 年，三国的区域内农产品贸易额已经占到了三国对世界总体的农产品贸易合计额的 48.3%。

中日韩区域内农产品贸易迅速增长的过程中，也呈现出一些新的特点。2012~2022 年十年间，中国对日韩谷物及谷物制品的出口额大幅增长的同时，对日韩的水果、蔬菜品的出口也在迅速增长，农产品出口额增长了 205.8%。日本从中韩进口水果和蔬菜迅速增长的同时，向中韩出口的产品附加值较高的橡胶制品、纺织纤维和杂项食品有所增长。由于中国的竞争，韩国向日本出口的水果、蔬菜和畜产品迅速减少，而韩国向日本出口的大米、烟草、食品类农产品仍然保持了一定的增长趋势。这些新的特点表明在三国区域内农产品贸易增长过程中，农产品的比较优势也在发生变化。

理论上来说，中日韩三国分别处于发展中国家、新兴工业化国家、发达国家三个不同的经济发展阶段，因而农产品生产存在分工协作的可能性，农产品贸易上具有很强的互补性。但是，经济发展水平的不同进而影响到三国不同类农产品国际贸易比较优势的差异，能否成为推动中日韩区域内农产品贸易快速增长的主导因素，则需要我们利用现实的贸易数据加以证实。

在全球区域一体化的历史趋势下，以中日韩为核心的东北亚经济合作问题，正在成为人们关注的一个焦点。在日韩之间，双边贸易协定的谈判已经进行多年。根据双边和多边贸易协定缔约的历史经验，农产品贸易往往成为贸易自由化

---

① 东北亚的范围有狭义与广义之分。狭义的东北亚，其范围包括日本、韩国、朝鲜、俄罗斯远东地区、中国的东北地区。广义的东北亚，其范围包括日本、韩国、朝鲜、蒙古、俄罗斯的亚洲地区即西伯利亚和远东，以及中国的东北地区、华北地区和山东省。本书提到的东北亚地区是指广义的东北亚地区。

和经济一体化的最主要障碍。因此，现在研究中日韩三国区域内农产品贸易增长具有特别重要的意义。

随着区域经济整合风潮不断加快，中日韩已积极加入区域经济整合行列，分别与东盟、澳大利亚、新西兰等国家签署自由贸易协议（FTA），而且中日韩彼此之间的经济整合将关系到整个东亚地区的经济整合。然而中日韩彼此之间有相当的历史情结，以致整合的前景并非没有障碍。在区域经济贸易协定（RCEP）生效之后，重新审视中日韩三国自贸区建设，将对亚太区域发展带来更深入的合作机会。

前　言

　　中日韩三国同处东北亚地区，三国之间开展贸易的历史非常悠久，贸易往来非常密切。新中国成立后，由于中日之间没有建交，中日之间贸易额较小。20世纪70年代中日建交之后，双方之间贸易额迅速发展，2020年为3055.7亿美元，同比增长0.5%，中日贸易额一直保持稳定增长，中国现在是日本最大的贸易伙伴，取代了美国在对日贸易中的地位。新冠疫情暴发后，日本对中国贸易的依赖性进一步加大，中国仍然是日本最大的出口目的地。中国海关总署2021年公布的数据显示，2020年中日进出口贸易总额达3175.38亿美元，同比增长0.8%。其中，中国自日本进口1748.74亿美元，同比增长1.8%，中国对日贸易逆差322.1亿美元①。

　　1992年中韩两国建交，两国经济贸易合作持续发展。中韩建交后，双边经贸合作稳步推进。目前，中国是韩国最大贸易伙伴、最大出口市场和最大进口来源国，韩国是中国第三大贸易伙伴国。据中国海关统计，2020年中韩货物贸易额为2852.6亿美元，较2019年增长0.3%。其中，中国自韩国进口1727.6亿美元，下降0.5%；对韩国出口1125亿美元，增长1.4%。2022年1~7月，中韩货物贸易额为1980.8亿美元，同比增长26.8%。其中，中国自韩国进口1165.8亿美元，同比增长23.4%；对韩国出口815.0亿美元，同比增长32.1%。韩国已经成为中国第二大外资来源国，中国也是韩国第二大投资对象国。

　　中日韩是东北亚地区的主要国家，中日韩经济整合是影响东亚经济整合发展的关键，过去多年推动中日韩加强经济整合的会议已经举行过多次，但一直没有

---

　　① 资料来源：中国进出口贸易数据库［DB/OL］，中华人民共和国海关总署（customs.gov.cn），最后访问时间：2022年12月20日.

具体结果。2010 年，在第三次中日韩领导人峰会中，三国同意进一步强化经济整合的相关活动，使中日韩签署自由贸易协议（FTA）的可能性大幅提高。根据当年中日韩领导人峰会通过的《2020 年中日韩合作愿景》，中日韩已开展多次可行性研究。进入 21 世纪以来，随着全球化风潮与中国改革开放，东亚国家在国际经贸领域扮演的角色也日益重要。此外，随着区域经济整合风潮兴起，中日韩也加入区域经济整合行列，分别与东南亚及欧美等国家和地区签署 FTA，中日韩彼此之间的经济整合关系到整个东亚地区的经济整合。但是由于历史和政治的原因，中日韩三方自贸区的谈判过程并非一帆风顺。2020 年，RCEP 的签署无疑将中日韩 FTA 的进程推进一大步。

因而，研究中日韩之间的贸易问题，特别是农产品贸易，对于揭开中日韩三国贸易比较优势，推动三国自贸区建设具有重要的意义。本书的目的意在通过农产品贸易及其比较优势研究，揭示中日韩自贸区未来的发展以及前景展望。

目　录

第一章　导论

第一节　问题的提出

近 10 年来，同处于东北亚的中国、日本和韩国三国区域内农产品贸易快速增长。三国之间的区域内农产品贸易额由 2020 年的 535 亿美元增长到 2021 年的 825 亿美元，增长了 54.2%。2021 年，三国的区域内农产品贸易额已经占到了三国对世界总体的农产品贸易合计额的 48.3%[①]。

在中日韩区域内农产品贸易迅速增长的过程中，呈现出一些新的特点。近年来，中国对日韩谷物及谷物制品的出口额大幅下降，同时对日韩的水果、蔬菜品的出口迅速增长。日本从中韩进口水果和蔬菜的进口额迅速增长，向中韩出口产品附加值较高的橡胶制品、纺织纤维和杂项食品的出口额有所增长。由于中国的竞争，韩国向日本出口的水果、蔬菜和畜产品迅速减少，而韩国向日本出口的大米、烟草、食品类农产品仍然保持了一定的增长趋势。这些新的特点表明在三国区域内农产品贸易增长过程中，农产品的比较优势也在发生变化。

理论上来说，中日韩三国分别处于发展中国家、新兴工业化国家、发达国家三个不同的经济发展阶段，因而农产品生产存在分工协作的可能性，农产品贸易具有很强的互补性。但是，经济发展水平的不同进而影响到三国不同类农产品国际贸易比较优势的差异，能否成为推动中日韩区域内农产品贸易快速增长的主导

---

① 资料来源：联合国贸易发展数据库［DB/OL］.［2022-12-20］. https：//comtradeplus. un. org/.

因素，则需要我们利用现实的贸易数据加以证实。

在全球区域一体化的历史趋势下，以中日韩为核心的东北亚经济合作问题，正在成为人们关注的一个焦点。根据双边和多边贸易协定缔约的历史经验，农产品贸易往往成为贸易自由化和经济一体化的最主要障碍①。因此，现在研究中日韩三国区域内农产品贸易增长具有特别重要的意义。

第二节　区域经济一体化的实践

区域经济一体化（Regional Economic Integration），又被称为经济整合，是指不同国家之间部分或完全取消关税及非关税限制，实行自由贸易的政策②。各成员国之间在理论上进行完全的自由贸易和自由竞争是理想的状况。自由贸易被认为可促进物价降低，提高富裕水准，提高各地生产力。

区域经济整合大致分为以下几个阶段：①优惠贸易区：在实行优惠贸易安排的成员间，通过协定或其他形式对全部商品或部分商品规定特别的关税优惠；②自由贸易区：区域内成员间免除所有关税及配额限制，而对区域外国家仍维持其个别关税、配额或其他限制；③关税同盟：除撤销成员间的关税外，对外则采取共同关税；④共同市场：除具有关税同盟特性外，还包括建立成员间人员、劳务和资本自由流通所形成的无疆界区域；⑤经济共同体：除关税同盟外，还实现了金融、财政和经济政策的协调，缩小了成员间的政策差异；⑥完全经济一体化：成员的经济、金融、财政等政策完全统一，并设立超国家机构。

在全球范围内，针对区域经济一体化的实践，主要有以下成功的案例：

一、欧盟（EU）

欧盟是欧洲多国共同建立的政治及经济联盟，现拥有 27 个成员国，总部设

---

① 曾寅初. 中日韩农产品贸易的结构特征及变化趋势［R］. 中日韩 "WTO 与农业发展会议" 国际学术研讨会背景材料，2020.

② Larry Sanders, Mike Woods, Warren Trock, Hal Harris. Local Impacts of International Trade［J］. Increasing Understanding of Public Problems and Policies, 1994: 135-149.

在比利时首都布鲁塞尔。欧盟目前是全球规模较大的区域性经济合作的国际组织。欧盟成员国已将部分国家主权交给组织，包括经济方面，如货币、金融政策、内部市场、外贸，甚至包括外交政策等，加上欧盟委员会（行政权）连同具有政治影响力的欧盟理事会、欧洲议会（立法权）和欧洲法院（司法权），令欧盟越来越像一个联邦制国家。

欧盟的历史可追溯至 1952 年建立的欧洲煤钢共同体，当时只有 6 个成员国。1958 年又成立欧洲经济共同体和欧洲原子能共同体，1967 年统合在欧洲各共同体之下，1993 年《马斯特里赫特条约》生效后转变成欧盟，并且渐渐地从贸易实体转变成经济和政治联盟。同时，欧洲经济共同体和后来的欧盟在 1973 年至 2013 年进行了 8 次扩大，成员国从 6 个增至最多时的 28 个。起初推动欧盟建立的动机，是渴望重建"二战"后损失惨重的欧洲，以及担忧欧洲会再度陷入战争泥潭。

欧盟内部使用了共同的货币欧元，由 27 个成员国中的 19 个采纳为流通货币。《申根条约》取消部分成员国之间的边境管制，目前已有 22 个欧盟成员国和4 个非成员国实施，4 亿多欧盟公民在各国之间也直接享有工作权，甚至一部分的政治参与权。

共同农业政策（Common Agricultural Policy，CAP）为欧盟实施的第一项共同政策，当初是为了容纳各会员国组成欧洲共同市场、支持农业发展及保障共同市场的粮食安全而设立。自 1962 年开始实施至今，其政策随着欧盟面临国际形势的转变而历经多次改革。最新的一次改革为欧盟 15 国农业部长于 2003 年 6 月 26日达成农业政策改革方案之重大协议，大幅修正欧盟支持农业的方式，改用与生产量脱钩的补贴制度，以尊重环境保护、食品安全及动植物卫生标准为补贴的依据，让欧盟农民更有竞争力自行决定生产具有市场导向的产品，并积极强调农业环境保护、乡村发展政策等。

西欧六国（西德、法国、意大利、荷兰、比利时与卢森堡）于 1957 年签署《罗马条约》，成立"欧洲经济共同体"（以下简称欧共体）。各会员国依据《罗马条约》第 39 条规定成立"农业共同市场"（Common Agricultural Market，CAM），自 1962 年起实施"共同农业政策"（CAP），成为欧盟内实施的第一项共同政策。由于欧共体最初的 6 个会员国都是农产品净进口国，因此，欧共体共同农业政策的主要目标为提高农业生产力，确保农业生产者合理适当的所得水平，稳定农产品市场，确保农产品供应，提供消费者合理价格，使欧盟农业免于遭外部廉价农产品的竞争。为了确保政策目标的达成，欧共体确立了 CAP 的三大原则（现欧盟依然执行此一原则）：一是建立允许农产品内部自由流动的单一共同市场；二是享有优先权，共同采取各种措施限制外部廉价农产品进入共同市场；三是经费共同负担，欧共体各会员国要缴纳一定的费用，以建立共同农业发展基金。欧盟现行的共同农业政策系依据早期欧共体建立的基石，随着欧洲有关国家整个经济结构以及国际贸易环境之变动而不断调适的结果。

经过几次比较大的改革，欧盟共同农业政策从过去以价格支持为基础的机制，逐步过渡到了以价格和直接给付为主的机制，转变为"共同农业和农村发展政策"，强调农业的多功能性和永续性，以确保欧盟农村的可持续发展。

二、北美自由贸易区（NAFTA）

《北美自由贸易协定》是美国、加拿大及墨西哥在 1992 年 8 月 12 日签署的关于三国间全面自由贸易的协议。与欧盟性质不一样，《北美自由贸易协定》不是凌驾于国家政府和国家法律上的一项协议。《北美自由贸易协定》于 1994 年 1 月 1 日正式生效，并同时宣告北美自由贸易区（North America Free Trade Area，NAFTA）正式成立。截至 2021 年底，北美自由贸易区拥有 4.5 亿人口，国民生产总值约 17.3 万亿美元，年贸易总额 1.37 万亿美元，其经济实力和市场规模都超过欧洲联盟，成为当时世界上最大的区域经济一体化组织。2018 年 9 月 30 日，美国、墨西哥和加拿大就更新《北美自由贸易协定》达成一致，新的贸易协定被命名为《美国—墨西哥—加拿大协议》（United States-Mexico-Canada Agreement，USMCA），取代现有的贸易协议。

《北美自由贸易协定》第一条有明确规定，墨西哥、加拿大、美国根据关税和贸易总协议的基本原则，正式建立一个自由贸易区。其成立宗旨是：取消贸易障碍，创造公平竞争的条件，增加投资机会，对知识产权提供适当的保护，建立执行协议和解决争端的有效程序，以及促进三边的、地区的以及多边的合作。三个会员国彼此必须遵守协议规定的原则和规则，如国民待遇、最惠国待遇及程序上的透明化等来实现其宗旨，借以消除贸易障碍。在权利方面，自由贸易区内的国家货物可以互相流通并减免关税，但对贸易区以外的国家，则仍然维持原关税及贸易障碍。

北美自由贸易区自 1994 年 1 月 1 日正式成立后，逐渐成为全球最大自由贸易区，至 2000 年，美国与墨西哥两国进口贸易总额每年均呈显著的增长，墨西哥出口至美国受惠最大。

从 NAFTA 最初的协商开始，农业就一直是具有争议的议题，在世界贸易组织架构下所签署的任何自由贸易协议都有类似的问题。农业是唯一未经三方共同磋商签订的部分，而是经由双边磋商分别签署了三个协议。加拿大与美国的协议包含了农业产品的限制及关税配额，主要是糖、乳制品、家禽类；墨西哥与美国的协议则准许分阶段实施的贸易自由化。美墨农业协议的整体效应是有争议的，墨西哥并未具备竞争化所需的基础建设投资，如完整的铁路、公路运输系统，这使该国的农业人口陷于更困难的环境之中。

墨西哥的玉米产量在 NATFA 实施之后虽然有所增加，但是，该国内部对于玉米需求程度超出了可以供应的范围，使进口变得迫切，远超过墨西哥最初所协商的农业配额。2000 年美国对于玉米农民的补贴达到 101 亿美元，多达墨西哥政府当年农业预算的 10 倍。尽管多数认为美国取消农业补贴政策有利于墨西哥农民，但这将对墨西哥农民的经济和生产造成严重冲击。

三、中国—东盟自由贸易区（CAFTA）

中国—东盟自由贸易区是指中国与东盟的 10 个成员国，包括泰国、马来西亚、新加坡、菲律宾、印度尼西亚、文莱、越南、老挝、缅甸和柬埔寨组成的自由贸易区，于 2010 年 1 月 1 日起全面启动。

2020 年，中国—东盟自由贸易区内拥有 19 亿人口，国内生产总值近 6 万亿美元，贸易总额达 4.5 万亿美元，该自由贸易区是全球人口最多的自由贸易区，也是继欧盟、北美自由贸易区之后，全球第三大的自由贸易区。

中国于 2000 年 11 月首次提出自由贸易区的构想，东盟领导人和中国领导人随即决定探讨实现区域内经济一体化的措施和可行性。2001 年 11 月，在文莱举行的第五次中国—东盟领导人会议上，中国和东盟达成共识，一致同意建立中国—东盟自由贸易区。

2002 年 11 月 4 日,在第六次中国—东盟领导人会议上,中国和东盟 10 个成员国的领导人共同签署了《中国—东盟全面经济合作框架协议》,决定到 2010 年建成中国—东盟自由贸易区。第一阶段是 6 个首批签署国承诺到 2010 年取消其 90%产品的关税。2003~2008 年,中国与东盟的贸易额从 596 亿美元增长到 1925 亿美元。6 个首批签署国在 2010 年实现了目标后,柬埔寨、老挝、缅甸和越南也采取了相同的关税政策,并在 2015 年实现相同的目标。2010 年 1 月 1 日,中国—东盟自由贸易区全面启动,中国对东盟的平均关税从 9.8%降至 0.1%。到 2015 年,东盟与中国商品贸易总额达到 3465 亿美元,占东盟贸易的 15.2%,东盟自由贸易区使中国与东盟直接投资和商业合作加速增长。

自中国东盟自贸区"早期收获计划"实施以来,中国—东盟双边贸易额持续增长,农产品贸易增长趋势尤为明显,双边合作范围扩大,农业技术成就显著,农产品贸易种类进一步增多,但中国呈长期逆差态势,从 2002 年 1.57 亿美元的逆差到 2009 年已达到 34.08 亿美元逆差额。

2022 年 11 月,中国与东盟共同宣布正式启动中国—东盟自贸区 3.0 版谈判,谈判将涵盖货物贸易、投资、数字经济和绿色经济等领域。2023 年 2 月 7 日,中国—东盟自贸区 3.0 版谈判启动首轮磋商。

四、《区域全面经济伙伴关系协定》(RCEP)

RCEP 是由东南亚国家联盟十国发起,由中国、日本、韩国、澳大利亚、新西兰等与东盟有自由贸易协定的五方共同参加,共计 15 个缔约方所构成的高级自由贸易协定。此协议也向其他外部经济体开放,比如中亚、南亚及大洋洲其他经济体。RCEP 旨在通过削减关税及非关税壁垒,建立统一市场的自由贸易。经批准生效后,各成员之间关税减让以立即降至零关税和 10 年内降至零关税的承诺为主。

2019 年 11 月 4 日谈判完成,但印度中途退出。2020 年 11 月 15 日,15 个 RCEP 缔约方正式签署协定。由此,该协定超越欧盟自由贸易区成为世界上最大的自由贸易经济体系。2022 年 1 月 1 日,协议正式生效,由此该协定超越欧洲联盟,成为目前世界最大的自由贸易协议。

《区域全面经济伙伴关系协定》第一章指出,RCEP 各缔约方的目标是"共同建立一个现代、全面、高质量以及互惠共赢的经济伙伴关系合作框架，以促进区域贸易和投资增长，并为全球经济发展作出贡献"。RCEP规定各成员将在十年内取消90%以上货物的关税，其中主要产品在协议生效时关税降至零。RCEP采用"原产地累积原则"，即单一产品可在RCEP成员间累积价值以满足最终出口产品增值40%的原产地标准，从而享受到优惠关税。

RCEP在货贸便利化方面进行了许多规定，如海关程序、检验检疫、技术标准等。同时也规范了非关税保护措施，如实行关税自由化基于优惠的市场准入、特定货物的临时免税入境、取消农业出口补贴、全面取消数量限制、进出口许可程序管理以及与进出口相关的费用和手续等方面。

以中国同RCEP各成员的零关税关系为例，目前中国对东盟十国、澳大利亚、新西兰承诺的最终零关税税目比例均为90%左右。除老挝、柬埔寨、缅甸3个最不发达国家之外，其余东盟成员国、澳大利亚、新西兰对中国承诺之相应比例略高于中国承诺之比例。中国对日本、韩国承诺的最终关税税目比例均为86%，日韩两国对中国承诺值比例则分别为88%及86%。RCEP协定生效后，将进一步推动关税比例下降。根据企业关注的具体享惠产品而言，以几个东盟主要国家为例，如印度尼西亚在原有的中国—东盟自贸协定基础上，就加工水产品、化妆品、塑料、橡胶、箱包服装鞋靴、大理石、玻璃、钢铁制品、发动机、电视、汽车及零部件、摩托车等对中国取消关税。马来西亚进一步就加工水产品、可可、棉纱及织物、化纤、不锈钢、部分工业机械设备及零部件、汽车、摩托车等对中国开放市场。菲律宾进一步就医药产品、塑料及其制品、化纤及织物、服装、纺织品、鞋、玻璃及其制品、钢铁制品、发动机零件、空调、洗衣机等机电产品、汽车及零部件等给予中国零关税待遇。中国也在原有中国—东盟自贸协定基础上，就菠萝罐头、菠萝汁、椰子汁、胡椒、柴油、部分化工品、纸制品、部分汽车部件等对东盟开放市场。

五、《全面与进步跨太平洋伙伴关系协定》（CPTPP）

CPTPP原称为《跨太平洋伙伴关系协定》（The Trans-Pacific Partnership, TPP），最初是由亚太经济合作组织成员发起，从2002年开始酝酿的一组多边关系的自由贸易协定，旨在促进亚太地区贸易自由化。跨太平洋伙伴关系协定第一条第一款第三项规定："本组织支持亚太经济合作组织，促进自由化进程，达成自由开放贸易之目的。"

CPTPP 的前身 TPP 来源于 2005 年 5 月 28 日，文莱、智利、新西兰及新加坡四方协议发起《跨太平洋伙伴关系协定》（Trans-Pacific Strategic Economic Partnership Agreement，TPSEP）。其后美国、澳大利亚、马来西亚、越南及秘鲁陆续磋商加入，原先不大的贸易圈在美国加入后重要性迅速提高。2017 年 1 月 23 日，时任美国总统特朗普签署行政命令，美国正式退出该协定。同年 11 月 11 日，TPP 改组为《全面与进步跨太平洋伙伴关系协定》，同时冻结 22 条美国主张但多数成员反对的条文。

2018 年 1 月 23 日，各方代表决定于同年 3 月初在智利签署协定。同年 3 月 8 日签署仪式在智利圣地亚哥举行，由日本、加拿大、澳大利亚、新西兰、马来西亚、新加坡、越南、文莱、墨西哥、智利以及秘鲁共同签署。同年 12 月 30 日，该协定正式生效。

《全面与进步跨太平洋伙伴关系协定》是一个综合性自由贸易协定，包括一个典型的自由贸易协定的主要内容：货物贸易、原产地规则、贸易救济措施、卫生和植物卫生措施、技术性贸易壁垒、服务贸易、知识产权、政府采购和竞争政策等。2021 年 9 月 16 日，我国商务部正式向保存方新西兰贸易与出口增长部提交了正式申请加入 CPTPP 的书面信函。中国若最终加入 CPTPP，将极大促进 CPTPP 的贸易规模，给成员国带来贸易实惠。

六、小结

综观当今世界区域经济一体化发展的现状，可以发现，经济发达国家之间建立的区域经济一体化更容易成功，而发展中国家之间建立的区域经济一体化较难获得成功。前者主要由于各成员国经济发展水平相差不大，产业内贸易频繁，各成员国对内部市场依赖较强，加之各国都具有成熟的市场经济环境，区域内贸易能不断推动和巩固经济一体化的发展。而后者则相反，由于各成员国经济发展水平较低，缺乏贸易合作的物质基础，某些成员国限制本国市场的开放，导致其他成员国寻求与区域外发达国家开展贸易，降低了凝聚力。

区域经济发展的不平衡是大量存在的，各成员国经济发展呈现不同梯度，为经济技术的推移提供动力，形成区域经济的梯度发展，其中产业转移是最为明显的体现。产业转移是由于资源供应、产品需求条件及区域分工结构的变化而导致产业从一个地区向另一个地区的转移，主体为区域内企业，主要驱动力来自资源优化配置带来的利益。产业转移与区域内国家的经济发展程度密切相关，有以下特点：其一是空间的关联性，如日本与东亚国家、中国的香港与珠三角等都体现了空间的关联性；其二是资源的互补性，产业转移的动力之一是从资源成本高的地区向资源成本较低的地区转移；其三是市场导向性，产业转移主体为企业，占有市场是企业的重要发展目标之一。

简而言之，区域经济发展的不平衡是存在的，经济发展的不同梯度带来区域内的产业转移，发达国家为获得资源优化配置的利益将夕阳产业转移至发展中国家，发展中国家为实现自身经济的快速发展承接发达国家的产业转移，从而实现共赢。

第三节　目前已有的研究

目前对中日韩区域内农产品贸易的分析，主要涉及三国区域内农产品贸易的格局、特征以及农产品出口竞争力的比较。

刘家磊、么冬梅（2010）对东北亚国家中的中日韩三国之间的农产品贸易发展趋势进行了分析，指出日韩两国农产品的自给率近几年持续下降，农产品进口明显增加，农产品进口结构也开始从大宗初级农产品向高附加值产品转变，因而中国应该积极利用日韩食品及相关企业对华直接投资不断提高的契机，稳妥地推进与日韩之间的农产品贸易发展。

李俊江、邓敏（2004）认为中国从韩国进口的农产品主要是经过加工的食品，而大宗农产品和水果蔬菜等园艺类农产品比例很低。日本既是中国也是韩国的主要农产品出口市场，中国很可能与韩国的农产品在日本市场上展开激烈的竞争，造成农产品贸易争端频繁发生。

陈中福、中安章（2011）发现中日农产品贸易经过了20世纪90年代初的快速增长阶段后，出现了停滞的局面，主要原因是受到了日本采取非关税措施限制中国农产品进口的影响。另外，中国对日出口的农产品结构单一，已不能满足日本食品消费的需求。

传统的贸易理论[①]认为贸易增长的动力来自自然禀赋的比较优势，随着比较优势带来的边际增长收益的下降，贸易增长会逐渐减缓并最终达到平衡状态。而曹昱（2009）提出传统的贸易增长理论并不全面。他认为在不同的发展阶段促进贸易增长的动力不同，第一阶段贸易增长的动力主要来自具有比较优势的行业的贸易发展，在进入第二个阶段后，贸易增长的动力来自比较优势的高级化和全面的竞争优势。

程漱兰等（2017）认为处于经济发展不同阶段的中国、日本和韩国，客观上已经形成了贸易分工和产业递进格局，在东北亚区域分工中，中国低廉农产品对其他国家造成的冲击是区域分工特征的真实体现。

蓝庆新（2010）认为我国农产品贸易的增长属于数量扩张型增长，出口商品的附加值趋势有所体现，他计算出了 2009 年对日贸易商品的贸易竞争力指数，发现劳动密集型产品和资源加工型产品具有较强的出口竞争力，而资金和技术密集型产品的农产品贸易缺乏竞争力，他得出的结论是中国对外农产品贸易整体发展水平并不高，技术水平和附加值仍然较低，与法国、美国等发达国家的农产品无法形成竞争。

孙志斌、李威（2011）认为出口贸易发生的原因可以分为比较优势和收益递增。通过研究两者在促进中国出口发展的作用，得出的结论是比较优势是促进我国出口增长的主要原因，我国应在充分利用劳动密集型产品的比较优势塑造优势产业的同时，实现资本、技术密集型产品的生产结构升级，整体提升我国出口产品的竞争力。

以上研究，一方面论述了中日韩三国区域内农产品贸易增长的事实，另一方面也提到了比较优势的不同对三国区域内农产品贸易增长的意义，但是上述研究都没有在数量上说明比较优势的差异即农产品的竞争力的不同在三国之间农产品

---

① 传统的贸易理论主要包括亚当·斯密的绝对优势理论、大卫·李嘉图的比较优势学说和赫克歇尔—俄林模型中的要素禀赋论。据此理论，各国应当充分利用现有资源，生产具有比较优势的产品，以便在国际贸易中获利。

贸易增长中到底起到多大的作用。本书的目的就是要在现有研究的基础上，计量分析比较优势的变化对中日韩区域内贸易增长的作用，探讨影响中日韩区域内农产品贸易快速增长的主要因素，以及 RCEP 生效后中日韩农产品贸易的增长前景。

第四节 主要研究内容与方法

为了实现上述研究目的，本书在实证部分设定了如下研究内容：

第一，利用统计资料，归纳整理中日韩区域内农产品贸易的主要特征，包括区域内贸易的流向特征、产品结构特征和贸易联系强度等。

第二，分别就中日韩三国区域内农产品贸易增长进行因素分解分析，计量说明在贸易增长过程中，竞争力变化、贸易结构变化等因素对贸易增长的贡献份额。

第三，计算分析中日韩三国农产品比较优势的变化情况，并探讨比较优势的变化与区域内农产品贸易增长过程中竞争力贡献大小的吻合情况，验证贸易增长与比较优势变化之间的关系。

贸易增长的因素分析方法，主要有贸易流量模型和恒定市场（Constant Market Share）模型。Marcus Noland（2002）运用 CMS 模型证明了加入世贸组织后中美之间巨大贸易逆差的原因并不是因为生产从美国转移到了中国，而是因为中国成功抢占了东亚国家在美国本已具有的市场份额，中国是在抢泰国、韩国在美国的市场份额，而不是与美国国内生产者竞争。李坤望、薛敬孝（2018）则通过贸易矩阵和贸易流量分析模型，分析了亚太经合组织成立以来的区域内贸易发展，考察了 APEC 区域内贸易的变化机制的内在规律，并在贸易投资自由化的背景下探讨了 APEC 区域内贸易的发展趋势。本书在进行中日韩区域内农产品贸易增长的因素分析时，将沿用上述两种模型。

而在计算中日韩三国的农产品比较优势时，本书采用了显性比较优势指数（RCA）。RCA 是由巴拉萨（Balassa，1965）提出，后被世界银行等国际组织普遍应用于国际贸易研究中的一种方法。

第五节　概念的界定

由于国际贸易分类标准不同，对农产品的定义也不相同。目前，国际贸易分类标准主要有以下两类：

标准国际贸易分类（SITC）：联合国统计委员会（The United Nations Statistics Division，UNSD）制定了"联合国国际贸易标准分类"，经过修改共产生了三个版本即 Rev. 1、Rev. 2 和 Rev. 3。当前国际上广泛采用的是 Rev. 3，该标准把国际贸易商品共分为 10 类 89 章。10 类商品为：0 类，食品及活动物；1 类，饮料及烟类；2 类，非食用原料（燃料除外）；3 类，矿物燃料、润滑油及有关原料；4 类，动植物油、脂及蜡；5 类，化学成品及有关产品；6 类，按原料分类的制成品；7 类，机械及运输设备；8 类，杂项制品；9 类，未分类的商品。其中，0~4 类为初级产品，基本上包括了所有的农产品，其他为工业制品。我国基本上采用 SITC Rev. 2 的分类标准。

协调商品名称和编码制度（HS）：协调商品名称和编码制度是海关合作理事会为了适应关税征收而制定的一个多功能的国际贸易商品分类目录。中国海关于 1992 年 1 月 1 日起根据《协调商品名称和编码制度》目录的分类原则和内容，实施海关进出口税则和统计商品目录。它主要是由品目和子目组成，即各种各样的商品、名称及其规格。从类别来看，它基本上是按生产部类来分类的，即将同一生产部类的产品归在同一类里，从章目来看，它基本上是按商品的属性或功能、用途来分类的。而每章中各品目的排列次序一般也是按动物、植物、矿物质产品顺序排列，而且较为明显的是原材料先于成品，加工程度低的产品先于加工程度高的产品，列名具体的品种先于列名一般的品种。农产品主要分布的类别是活动物类，植物产品类，动、植物油脂及产品类，食品、饮料、烟酒类，木材、木制品、稻秸柳类编制品类等。

HS 分类虽然详尽，但是不利于对贸易进行统计分析。联合国统计委员会（UNSD）曾发布 SITC 与 HS 的数据转换表，这对协调不同分类标准的贸易数据提供了参照依据。我国的海关统计从 1980 年到 2000 年一直采用的是 SITC（Rev. 2）分类标准，从 1992 年起开始采用分类制度。韩国、日本目前在农产品贸易统计中也是采用 SITC 分类制度。为了便于统计分析，本书主要采用 SITC 中对农产品的定义，按《联合国贸易和发展会议手册》所定义的农业贸易，包括所有食品项目加上农业原材料［即 SITC0+1+2（除 27 和 28 外）+4］。因此，本书所列的农产品不包括水产品（SITC03）和林产品（SITC24+25）。

同时，考虑到各类农产品之间比较优势变化的趋势差异，也为了计算产品结构变化对贸易增长的影响，本书根据农产品贸易的特征和不同生产要素，以SITC 分类制度为基础，对农产品进行了分类（见表 1-1）。

表 1-1　主要农产品贸易分类方法

类别	大宗类	畜产品	园艺类	食品类	其他类
SITC 章目	04 谷物及制品	00 活动物	05 蔬菜及水果	09 杂项食品	23 生橡胶
	06 糖、糖制品及蜂蜜	01 肉及肉制品	07 咖啡、茶、调味料等	11 饮料	29 其他动植物原料
	08 饲料（不包括未碾磨谷物）	02 乳品及其制品	12 烟草及其制品	41 动物油、脂	—
	22 油籽及含油果实	21 生皮及生皮毛	—	42 植物油、脂	—
	26 纺织纤维及其废料	—	—	43 已加工动植物、脂	—

如表 1-1 所示，在本书中我们把农产品归为大宗、畜产品、园艺、食品和其他五类。在部分分析中，又根据农产品使用生产要素的情况，将大宗农产品如谷物、棉花、油籽、饲料等农产品划为土地密集型农产品；畜产品和蔬菜水果等园艺类农产品划为劳动力投入相对密集的劳动密集型产品，而食品类和其他类农产品中的天然橡胶及其制品则属于资本和技术密集型的农产品。

本书的数据主要来源于联合国统计司的贸易统计数据库（UNCOMTRADE）。这是因为此数据库对国与国之间农产品贸易统计详细，SITC 的分类统计也符合本书整体的需要。此外，本书也部分采用了联合国粮农组织（FAO）对外发布的农产品贸易数据。需要指出的是，FAO 的分类方法虽然与 SITC 和 HS 存在一定差异，但是其分类却近似于本书的分类，所以本书将 FAO 的数据作为联合国统计司（UNSD）的贸易统计数据的补充。

第二章 中日韩 FTA 前期讨论及影响因素

第一节 区域经济一体化的理论

区域经济一体化，是指地缘邻近的国家或地区，为寻求地区间共同利益，以平等互利为基础彼此联合起来的过程，本书中所提及的"区域"，确切地说是指超越了主权国家界限的更大地理范围。

20 世纪 50 年代以来，随着区域经济一体化的产生和快速发展，形成了一系列有关经济一体化的理论，其中最具有代表性的是关税同盟理论、协议性国际分工理论和综合发展战略理论。

一、关税同盟理论

雅各布·维纳（Jacob Viner）认为任何形式的区域经济一体化都会对区域内外的国家产生一定的影响，他于 1950 年在其经典著作《关税同盟理论》中系统地提出了关税同盟理论，并区分了贸易创造效应（Trade Creation Effect）和贸易转移效应（Trade Diversion Effect），并且这二者的最终结果决定着关税同盟建立之后能否得益，为关税同盟理论奠定了坚实的基础。

其中，贸易创造是指关税同盟内部取消关税之后，同盟内一国由原本消费本国高成本生产的产品转变为消费同盟内成员国低成本生产的相同产品，这样节约了成本，就带来了福利的增加。这种福利增加来源于两方面：一是减少或取消那些与外国生产的产品相同的国内生产，使这些产品转为从成员国进口，表现为生产效应，即节约以前在国内生产的商品的实际成本；二是增加消费成员国的商品，以取代以前需花较高成本才能生产的本国商品，表现为消费效应，即以较低成本代替较高成本而满足需求方面的消费者剩余的利益。

贸易转移是指关税同盟的成立，由于关税的降低，使同盟内的一国原本从同盟外部国家进口低成本的产品转变为向同盟成员国进口高成本的产品，导致了资源的不合理配置，带来了整体的福利损失。这种福利损失来源于两个方面：一是消费产品从同盟外部低成本的，转变为成员国高成本的，这增加了成本；二是从低成本产品消费转变为高成本的相同产品的消费，使消费者剩余减少。

关税同盟建立之后整个社会的福利变动取决于二者的大小关系。若贸易创造大于贸易转移，则关税同盟净福利为正；反之，则关税同盟净福利为负。

一般认为，关税同盟除了从生产的角度分析具有贸易创造效应和贸易转移效应之外，从需求的角度来看，关税同盟存在贸易扩大效应，即关税同盟建立之后价格下降，需求量上升，导致了贸易量上升。在维纳的研究基础上，李普西、库珀、马塞尔、瓦尼克等众多经济学家完善了关税同盟理论，认为自由贸易区的建立会对区内外国家产生影响，由于贸易壁垒的消除和市场的扩大，还会产生动态经济效应，主要包括规模经济效应、竞争促进效应、资本集聚效应等。目前不少国家在组建 FTA 时，更多考虑到动态经济效应，主要是其对一国经济增长有着更为重要和深远的影响。

二、协议性国际分工理论

协议性国际分工理论于 20 世纪 70 年代由日本经济学教授小岛清提出，是指两国通过达成协议的方式相互提供市场，各自放弃一种产品的生产，专门生产另一种产品，同时将国内市场提供给对方国家，这样两国都能获得出于专业化生产和规模经济带来的好处。

根据上述定义可知，协议性分工显然不能指望通过价格机制自动地实现，当事国必须进行干预，主动建立某种协议，并积极遵守协议内容才能有效实行，即依靠制度的力量来使协议的分工组织化。一般而言，实行协议性国际分工需要满足以下条件：

第一，相互达成协议的国家之间生产要素禀赋相似，且经济发展水平处于同一阶段，这样协议性分工项下的产品能在协议成员国的任一国家进行生产。

第二，达成协议互相让渡的商品，其生产必须具有较明显的规模效应，而不具备规模效应或规模效应不明显的产品，即便容易达成协议，其吸引力也不大。一般而言，规模效应明显的商品常见于重工业和化学工业。

第三，对达成协议的国家而言，生产协议项下的任一产品差别都不大，即每个国家自身生产的与让渡给对方的产品或者产业没有优劣之分，这样一来，成员国之间容易达成协议。反之，若产品或者产业存在较为明显的优劣，各国从自身利益出发，很难达成协议。

由此可以看出，处于同等发展阶段的国家之间建立区域经济一体化的可能性更高一些，一般而言，一个国家的经济越发达，其产业结构层次也越高，达成分工协议的对象产品越多，获得的利益也就越大。

根据上述理论，中日韩三国虽处于不同的经济发展阶段，发展水平也不尽相同，但三国在世界农产品贸易市场中均处于逆差，不具备贸易优势，在农产品的消费结构上具有一定的相似性，存在协议性分工的基础。

三、综合发展战略理论

综合发展战略理论是由鲍里斯·塞泽尔基在《南南合作的挑战》一书中系统提出的，又称"发展中国家经济一体化理论"，主要是针对发展中国家提出的观点，认为其在进行经济一体化分析和研究时应该更多考虑政治、经济、机构等因素作用的理论。该理论不同于传统的研究方法，在研究发展中国家的经济一体化进程时，不再使用自由贸易和保护贸易理论的研究方法，而是充分考虑在经济一体化过程中，发展中国家国内外可能产生的各种制约因素，主张用与发展理论紧密相连的跨学科的研究方法。该理论具有以下原则：

第一，经济一体化是发展中国家的众多发展战略中的一种，但不一定要通过形成统一市场的形式，其存在形式也不一定自由化程度越高越好，具体形式应根据各国经济发展战略适当制定。

第二，经济一体化的出现必然会带来两极分化，从而对社会经济带来不利影响，除了通过国内经济政策加以调整之外，还应通过强有力的共同机构和政治意志制定系统性的政策来避免过度两极分化带来的不利影响。

第三，在发展中国家实行经济一体化的进程中，私营部门起着重要作用，为此，政府应对私营部门进行积极灵活的干预和政策引导，以促进经济一体化带来最大的经济效应。

发展中国家在考虑区域经济一体化时，既要充分考虑政治、经济、机构等各种因素的影响，同时也要协调各成员国的发展战略和经济政策，强化生产和基础设施的建设，通过协商来协调成员国利用外资的政策，要特别重视通过区域工业化来加强相互依存性，减少发展水平的差异。

根据上述理论，日韩经济发展水平更高，我国作为发展中国家，在中日韩自贸区的组建过程中，应充分考虑政治、经济和机构等各方面因素，进一步促进我国农产品的贸易。

第二节　中日韩自由贸易区的设想

中国、日本和韩国作为东北亚地区最大的三个经济体，同时也是世界上第二大、第三大和第十大经济体，在国际上有着重要的地位。与此同时，中日韩三国的贸易联系也日益紧密。自 20 世纪 90 年代初至 21 世纪初期，日本曾连续 11 年是中国最大的贸易伙伴。2002 年，中国与日本之间的双边贸易额突破了 1000 亿美元关口。据中国海关统计，中日双边贸易额在 1990～2010 年的平均增长率为 20%，比中国同期对外贸易额增长率高出近 5 个百分点。据中国海关统计，2022 年，中国对日本的进出口总额为 3574.2 亿美元，其中中国对日本出口为 1729.3 亿美元，中国对日本进口为 1844.9 亿美元，中国为日本的第一大贸易伙伴、第一大出口目的地和最大的进口来源地。而日本为中国的第五大贸易伙伴、第三大出口目的地和第二大进口来源国。

自 1992 年中韩正式建交以来，两国双边贸易额迅速提高。据中国海关统计，中韩两国 2022 年双边贸易额又上新的台阶。韩国超过日本成为中国第四大贸易伙伴。2022 年，中韩贸易额达 3622 亿美元，同比增长 0.1%；中日贸易额为

3574 亿美元，同比下降 3.7%。由此，韩国从此前中国的第五大贸易伙伴上升一位，取代日本，在 2022 年成为中国的第四大贸易伙伴，日本则下滑至第五位。2022 年，中国对韩国出口为 1626 亿美元，自韩国进口为 1996 亿美元。韩国最大的投资对象国是中国，并且是中国第五大外资来源地。中韩两国贸易额在建交的 30 年来保持了每年近两位数的增长。

日本与韩国两个国家之间的经贸往来频繁，日本是韩国第一大投资国，韩国对日本的投资也是与年俱增，日韩两国经贸发展为两国经济发展带来了实实在在的利益。日韩两国互为重要的贸易伙伴。韩国是日本的第三大贸易伙伴，而日本是韩国的第二大贸易伙伴。中日韩三国日趋紧密的经贸关系成为三国建立 FTA 的客观基础，建立自由贸易区主要有以下三种优势条件：

一、产业发展的可行性

根据雁形发展理论，中日韩三国产业互补性逐渐增强，相互依存度日益提高①。中国具备人力成本优势和丰富的自然资源以及日益成熟的产业链配套，日本则有先进的技术和资金，而韩国则在创意产业、工业设计和文化传播等方面有丰富经验，这使三国优势互补，打开了产业增长的空间。

三国产业优劣势互补，主要体现在以下方面：一是人力资源互补。中国拥有众多的技术工种，自然资源较为丰富，劳动力成本具有明显的优势。日韩两国劳动力成本较高，资源短缺，严重依赖外部市场，能源和工业原料自给程度严重偏低。二是产业互补。中国仍属于发展中国家，人均国民收入偏低，但劳动密集型产业较为发达。日本老龄化程度严重，劳动密集型产业并不占优势，但是由于日本是发达资本主义国家，资本密集型产业包括汽车、音像、电子产业等发展具有优势。韩国作为新兴工业国家，劳动力成本优于日本，但是次于中国，因而居于中间的地位。中国在航空航天、核技术、基建设备等方面领先，日本则在汽车制造、芯片设备、通信设备等方面具有优势，而韩国的优势在于造船和个人护理产

---

① 雁形模式理论是由日本经济学者小岛清提出的，指依据技术差距论，对于早期模仿国可能向后进模仿国发展贸易，形成与创新国相关对应的理论格局。在国际贸易具体实践中，发展中国家把从欧美等技术先进国家引进技术生产的商品，进一步向最不发达的国家转移。小岛清认为在东亚地区，存在这种雁形发展模式。

业。三是贸易结构互补。中日韩三国在贸易上具有很强的互补关系。中国对日韩两国出口农产品、矿产资源产品以及机电产品。韩国对中国出口精密仪器、精细化学品、半导体、玻璃和石化产品，对日本出口塑料、合成树脂、医疗设备等。日本对中国出口电气设备、机器类、精密机器、车辆、塑料等，对韩国出口半导体科技材料等。整体而言，中日韩产业结构互补性强，并不存在明显的竞争关系。

从农产品贸易来看，相比日韩而言，中国在蔬菜、畜产品、食品等劳动密集型产品上具有比较优势，而日本在动植物油、非食用原料和远海渔产品上具有比较优势，韩国的比较优势在于饮料、烟草、添加剂等。总而言之，不管是在整体产业结构和贸易结构，还是在农产品贸易结构方面，中日韩都存在较大的互补性。如果中日韩成立自由贸易区，那么对三国产业发展而言都有相对大的帮助。

二、地理上的可行性

中日韩三国隔海相望，地理位置非常近。中国山东省威海市距离韩国仁川只有 93 海里①，是距离韩国最近的城市，也是韩国人在中国的主要聚集地。中国上海距离日本神户只有 630 海里，货物运输非常方便。日本与韩国隔对马海峡相望，最近处只有 32 海里左右。三国如果建成自贸区，将形成巨大区位优势，节省中转贸易的关税费用。中日韩在文化等方面有着非常相似的认知，都属于儒家文化影响的范围。这些都为中日韩区域经济整合提供了便利的条件。中国一直有环黄海经济圈的提法，韩国也有东北亚经济合作的愿景，日本也曾经提出东亚经济整合的概念，这些经济概念的核心都具有区域内中日韩三国在贸易上的自由关税区特征。过去，三国曾探索新的合作发展空间，文化上的相似性增强了建立自由贸易区的意愿和可能性。

三、全球化的背景

日本自"二战"后大力发展国内汽车工业和先进制造业，并发展外向型贸易，获得了高速发展的机会，从而跻身发达国家。韩国在 20 世纪 60 年代后，制

---

① 1 海里约等于 1.852 千米。

定了贸易立国的国策，通过降低韩元汇率的做法，推进韩国产品的对外出口，并大力引进外资，工业化之路顺利推进了韩国新兴工业国的进程。中国在 20 世纪 70 年代实现对外开放的政策，通过"三来一补"等措施，东南沿海地区经济迅速得到发展，特别是加入世界贸易组织（WTO）以后，中国加大了对外开放的力度，顺应全球贸易的潮流，实现了全方位的对外开放，与世界经济真正融为一体，并成为世界工厂。中日韩过去实施的对外开放战略，存在某种程度的契合，这为三国未来区域经济的合作提供了先决条件。

第三节　中日韩 FTA 讨论的进程

20 世纪 90 年代，经济全球化和区域经济一体化成为推动全球经济发展的动力，日韩两国的学者开始对研究设立中日韩经济共同体产生了兴趣，并进行相关的一些研究。日本学者认为中日韩加强经济合作，从而推进亚太经济整合，是必然的选择。有些韩国学者同样认为，至少在东北亚区域内，中日韩加强经济合作有利于三国经济发展和区域稳定。东北亚地区应该以中韩日三国为基础成立经济共同体，他们给出的理由是中日韩三国经济互补，文化上同属于儒家文化，具有同质性。我国的一些学者也就中日韩三国成立自由贸易区的可行性进行了深入的研究。民间智库的研究引起了官方的兴趣，也为中日韩三国领导人会面制造了话题。

第三次东盟"10+3"[①] 会议于 1999 年 11 月在菲律宾首都马尼拉举行。中日韩领导人在会议期间提议建立"东北亚经济共同体"。在 2000 年 11 月新加坡主办的第四次东盟"10+3"会议期间，三国就贸易和投资协议达成一致意见。次年 3 月，"中日韩三国经济合作与环黄海次区域自由贸易区"国际研讨会在韩国首都首尔举行，会上三国学者联合提议建立中日韩自贸区的构想。随后，2002

---

① 东盟十个成员国，包括新加坡、马来西亚、菲律宾、缅甸、老挝、柬埔寨、印度尼西亚、越南、泰国、文莱。三个区域国家，分别是中国、日本和韩国。东盟"10+3"会议就是东盟十个成员国与中日韩三国的会议。

年 11 月，第五次东盟 "10+3" 会议在柬埔寨首都金边举行，其间中日韩领导人正式提出了建立自由贸易区的构想，并为此提出三点建议：一是建议未来三国的合作重点领域是经贸、环保、人力资源、信息化和文化合作等；二是三国都支持发挥东盟的核心作用；三是中日韩都同意在东盟 "10+3" 框架内加强政策协调。中日韩自贸区从民间讨论阶段正式进入可行性研究层面。

2003 年 10 月，中日韩领导人在印度尼西亚巴厘岛参会，其间签署了《中日韩推进三方合作联合宣言》（以下简称《联合宣言》）。这份《联合宣言》是三国领导人正式签署的第一份三方合作文件，合作文件的签署意味着中日韩自贸区由构想开始走向现实的轨道。《联合宣言》明确了中日韩三国在贸易、投资、旅游等领域的合作关系，一致认为深化三方经济合作不仅有利于推动双边关系发展，也有利于地区和平和稳定。《联合宣言》中鼓励企业、民间机构和学术团体积极参与，为三国未来建立更紧密的经济合作关系指明了方向。由此可以看出，《联合宣言》签署后，中日韩三国经济合作自此进入新的阶段。

2008 年 12 月，在日本福冈举行的东盟与中日韩三国领导人 "10+3" 框架会议上，中日韩三方签署并发表了《关于三方伙伴关系的联合声明》，这是全球金融危机爆发后，中日韩三国领导人的首次会晤。这份声明首次明确了中日韩三方伙伴关系的定位和合作方向。会议还通过了《促进中日韩三国合作行动计划》。

中日韩三国领导人第二次定期会议于 2009 年 10 月在北京举行。会议结束后发表了《中日韩合作十周年联合声明》，声明当中对中日韩三国未来合作进行了规划，回顾了合作共赢的历史，对三国加强政治互信，深化互利合作，扩大人文交流，促进地区和平、稳定和繁荣达成了共识。2010 年 5 月，第三次中日韩领导人定期会议在韩国济州岛举行，会议结束后发表了《2020 中日韩合作愿景》，愿景中阐明中日韩将努力在 2012 年之前完成三国之间关于自由贸易区的联合研究，改善贸易环境，增强贸易便利化，并承诺逐步扩大三国间贸易额，反对任何形式的贸易保护主义，努力完成三国间贸易投资谈判。但是由于政治因素的影响以及日本对自贸区前景的担忧，中日韩自贸区的讨论不得不暂时中止。

第四节　农业是中日韩贸易开放的难点

过去，中日韩三国贸易额增长迅猛，经济合作不断加深，但是中日韩自贸区始终未有实质性的进展，排除政治上的因素以及历史遗留问题，农业方面的谈判进展缓慢是建立三国自贸区的重要影响因素。

一、日本农业部门势力较大

20 世纪 50 年代，日本就加入了世界贸易组织的前身关贸总协定，日本开放农业贸易的步子迈得非常慢。日本农业产值在国内虽然占国民生产总值的比例较小，但是从事农业生产的人口仍然较多，而且都是受保护的老年群体。日本一直以来实行"原则封闭、例外开放"的农业发展政策，通过各种补贴、关税壁垒来限制国外竞争性农产品的进口。日本农业关税总体水平超过了 60%，在发达经济体中几乎是最高的关税水平，而这与日本整体关税不超过 5% 的水平相差太大。农业关税壁垒高一定程度上限制了日本农业的发展，也阻碍了日本与其他国家自贸协议的签署。因为日本要保护自身脆弱的农业，在 1990 年之前，除了关贸总协定外，日本并未加入任何区域性的自由贸易组织，包括与美国的自贸协议都胎死腹中。

在与韩国的自贸协定谈判中，日本曾提出对渔业产品实行例外保护措施以保护本国的渔业，但是遭到了韩国谈判方的强烈反对，最终日本与韩国的自贸谈判不欢而散。在与中国的农产品贸易中，日本也经常挥舞贸易壁垒大棒，包括 2004 年采取贸易措施限制中国白菜、大葱、生姜等出口日本，后来还加强对中国农产品的农药残留等检验措施，从而阻断了一些中国农产品对日本的出口。日本采用这些做法是由于其国内的农业协会发挥了作用，违反了世界贸易组织的规定，对中日农产品贸易造成了严重干扰。

二、韩国对农产品贸易也较为敏感

韩国对本国农业的保护程度与日本类似，韩国农业部门同样在韩国具有较大的影响力，国内各个政党都要关照农民，从而获得他们更多的选票。与日本的做法相同，韩国经常会运用一系列措施来限制农产品的进口，保护本国的农业产业，如采取高关税、严格的配额制度、进出口许可证以及其他非关税壁垒措施等。在韩国首尔，农产品的价格已经非常高，并经常被认为是世界上最贵的城市之一，但是韩仍然实施高关税措施，目的就是维护本国农民的利益。韩国曾经对从中国进口的白菜、大蒜、大葱等日用农产品采取高关税措施，关税税率高达200%以上。在与日本的农产品贸易谈判中，由于日韩都对农产品贸易采取严格的保护措施，因而双方的谈判不欢而散。

农业在日韩两国所占 GDP 的比例已经很小，但是由于国内政治需要，各政党都要争取农民的选票支持，因而不论任何一个政党上台后都要照顾农民的切身利益。但是这种贸易保护主义的做法，本身并不利于中日韩自由贸易协定的谈判，若三国不能就此达成共识，就是影响三国自由贸易的重要障碍之一。

第三章 中日韩的农业政策及农产品贸易政策

第一节 中日韩农业概况

一、中国农业发展基本情况

据 2021 年全国第七次人口普查统计，中国国土面积为 960 多万平方千米，其中耕地面积 1.27 亿公顷。农业经济活动人口 50979 万人，平均每个农业经济活动人口耕地面积 0.25 公顷。相对于日本的 2.1 公顷和韩国的 0.9 公顷来说，中国农业经济活动人口的耕地面积是相当小的。中国农业机械化水平不高，平均每千公顷耕地上拖拉机使用量 7.1 台，收割机 2.6 台。

中国传统的农业中，种植业占绝对比重，林业、畜牧业、副业和渔业的比重很小。而种植业中的粮食生产又占绝对比重，经济作物和其他作物所占比重较小。1949~1978 年，粮食作物所占百分比均在 80% 以上，经济作物所占百分比最高为 9.6%，其他作物所占百分比最高为 10.3%。这种单一的农业结构在以粮为纲的政策作用下得到了强化。

改革开放以来，我国农业结构先后经历了四个阶段的调整：

（1）1979~1984 年，废除"以粮为纲"的农业生产方针，实行"绝不放松粮食生产，积极发展多种经营"的战略。在此期间，全国粮食播种面积占农作物播种面积由 1978 年的 80.3% 下降到 1984 年的 78.3%。

（2）1985~1991年，大幅度调减粮食和棉花的播种面积，种植业产值占农林牧渔总产值比重由80%下降到62.5%。

（3）1992~1997年，上一阶段导致资源利用效率下降，政府于1992年提出发展"一优两高"农业，发展优质高效农业。这一阶段调整中，农产品自给量逐年增加。

（4）1998年至今，由于上一阶段的调整中农产品出现相对过剩，农产品价格几乎全面下跌，农民收入增速连续下降，从1998年开始了农村产品结构战略性调整，1999年调整力度进一步加大。中国的农业结构调整仍在不断进行中。

新中国成立以来，尤其是改革开放后的40多年来中国农业发展取得了举世瞩目的成就。中国人口虽然增加了2倍多，从1949年的5.4亿增加到2021年的14亿，但农业的生产增长速度超过了人口的增长，农产品供应量与过去相比有极大的丰富（鲁静芳，2017）。

农产品贸易作为我国对外贸易经济的重要组成部分，也实现了持续增长和全面发展，贸易额由1978年的61亿美元增长到2021年的3041.7亿美元，年均增长9.5%，我国已成为世界第一大农产品进口国和第五大农产品出口国。2004年以来，随着中国加入WTO农产品贸易开放度的加大，我国粮食进口依存度持续扩大，尤其是大豆和食用油的进口量突飞猛涨。2021年，农产品出口额占世界的4%，苹果、大蒜、生姜、茶叶等农产品出口额居全球首位。从进口看，我国是全球第一大农产品进口国，2021年农产品进口额占世界的10.2%，是粮食、棉花、肉类等农产品的全球最大买家。

二、日本农业发展基本情况[①]

日本国土地表面积37.8万平方千米，农用土地面积4.46万平方千米，农地占11.8%，耕地用地面积442万公顷，人均耕地用地面积0.032公顷。自20世纪90年代以来，日本经济增长速度明显放慢，年均增长率仅为1.7%（朱行，2008）。

日本的农业在国民经济结构中居次要地位，但农业发达，机械化程度高，平

---

① 资料来源：日本农林水产省。

均每千公顷耕地上拖拉机使用量 461 台，收割机 237 台。日本的主要农产品以大米为主，其他还生产麦类、大豆、蔬菜、水果、茶以及畜产品等，水果以苹果和柑橘居多。自 2020 年以来，日本的畜牧业发展也很快，但农产品综合自给率却较低。2020 年，日本农产品自给率为 40%，粮食自给率为 27%，主要农产品严重依赖进口。

日本农业产值以 1984 年的 11.7 万亿日元为高峰，之后一直呈现下降趋势，2007 年下降至 8.2 万亿日元，只相当于高峰时的 2/3 左右。由于老龄化日趋严重，人手短缺，农业日益受到关注。如果从产值中扣除投资额后的农业 GDP 再除以就业人口，日本农民人均年收入在 2006 年只有 187 万日元，平均每月只有 15.5 万日元。由于农业收益较低，所以日本农户的后代不愿意从事农业，也没有新人参与农业，结果就形成了老龄化的情况。在不提高农业收益的现状下，日本农业很难继续发展。

日本社会的老龄化和人口减少使农业衰退雪上加霜，迄今一直依靠高关税保护的国内市场将会缩小。以大米为例，过去 40 年来，日本大米的人均消费量减少了一半。因此，尽管人口有所增加，但是日本大米的产量从 1994 年的 1200 万吨下降到 2011 年的 840 万吨，减少了 30% 左右。如果在今后的 40 年中，人均消费量再下降到现在的一半，那么到 2050 年前后，大米的总消费量将下降到 310 万吨。因此在 250 万公顷的水田中，减种面积将扩大至 200 万公顷。日本国内市场的缩小不仅限于大米。迄今的保护农业措施是通过高关税保护国内市场不受外国农产品的冲击，但是只要依赖国内市场，日本农业就无法避免衰退。既然国内市场缩小，日本农业就必须展望海外市场，然而日本农业没有国际竞争力已成为定论。

三、韩国农业发展基本情况①

韩国是典型的农业国家，农业曾经是韩国经济的基础产业，20 世纪 60 年代，七成以上的人口从事农业生产，农业占 GDP 的 1/3，韩国于 20 世纪 70 年代末实现了主食大米的自给自足。

———————————

① 资料来源：韩国农业畜产食品部。

自 20 世纪 70 年代以来，韩国经济取得了迅猛发展，随着生活水平的提高、产业结构的变化、人工费的上涨以及世界贸易自由化浪潮，韩国农业也发生了巨大的变化。韩国政府一直以来重视农业，随着农业技术的进步，20 世纪 90 年代基本实现了农业机械化，农业的发展也带动了化肥、农业机械、种子等农业相关产业的发展。

据统计，2018 年从事农业生产的农业人口为 231.5 万人，占总人口的 4.46%，相较 1970 年的 50.6% 已大幅减少。随着农业人口剧减，农户户口的数量也在不断减少，从 1970 年的 240 万户降至 2018 年的 102.1 万户。问题是农业劳动力的老龄化问题日趋严重。20 世纪 70 年代，50 岁以上的农业人口占比不到 20%，而 2018 年 65 岁以上占比为 44.7%。老年人因年迈力衰放弃务农或改行，也导致农业人口逐年减少。2017 年，韩国的耕地面积为 162 万公顷，占国土面积的 16%，平均每个农户占 1.5 公顷，主要分布在西部和南部平原、丘陵地区。林地面积 635 万公顷，占国土面积的 62%。

大米是韩国主要粮食作物，在农业生产中占据最重要的地位。水稻产量在 1988 年达 605 万吨，创历史最高纪录，然而随着大米消费量的减少以及高附加值作物产量的提高，水稻的种植面积也在逐年下降，2017 年水稻生产量为 397 万吨，首次跌至 400 万吨以下。虽然大米产量依然很多，但 2017 年韩国的粮食自给率为 48.9%，谷类作物自给率为 23.4%，在 OECD 成员国中排倒数第三。比如，小麦的生产量仅占 1%，因此 9 成以上的小麦、玉米等作物从美国、加拿大等国进口。韩国的主要农产品除了水稻以外，还有麦类、豆类、谷类作物、蔬菜等园艺作物以及烟草、人参等特种作物，尤其近年来，得力于积极培育高效作物，果树、花卉等特种作物得到很大的发展。

2017 年，韩国农户的年平均收入为 3823 万韩元，年均收入超过 1 亿韩元以上的农户有 3.6 万户，占总农户的 3.6%。农户的收入为城市居民收入的 63.3%，城乡居民收入有较大的差距。

第二节 中日韩农业资源禀赋比较

农业是基础产业，也是弱势产业，中日韩三国虽然气候条件相似，但是农业资源禀赋还是存在不小的差异。随着人民生活水平的提高，中日韩三国对农产品的需求也在日益增加。三国在农产品贸易方面还是大有潜力，因为三国的农产品都具有自身的优劣势，通过自由贸易，可以做到优势互补，满足国内人群不同的需求，但是农业产业政策，甚至于农产品贸易政策，已成为阻碍自由贸易的重要障碍。

一、中日韩三国耕地面积大不相同

中国是亚洲国土面积最大的国家，从北到南气候特征依次为寒带、寒温带、温带、暖温带、亚热带、热带等，南北相距 5500 千米，东西相距 5200 千米。根据 2021 年自然资源部的统计，我国现有耕地面积 19.179 亿亩，园地 3 亿亩，林地 42.6 亿亩，草地 39.67 亿亩，湿地 3.5 亿亩。我国耕地面积在亚洲仅次于印度，远大于日本和韩国，但是我国人多地少，人均耕地面积较小，而且各地区分布都不均衡，气候和自然条件也决定了各地区单位面积粮食产量不同。

韩国是个多丘陵和山地的半岛国家，国土面积约为 10 万平方千米，约为中国的 1%。韩国农业是韩国经济的基础产业，由种植业、畜牧业、林业和渔业组成。韩国是个农业资源禀赋稀缺的国家，国土面积的 2/3 为山地和丘陵，耕地面积仅占国土面积的 17%，是世界人均耕地面积最少的国家之一。韩国农产品自给率很低，除了大米和薯类能基本自给外，其他粮食 85% 需要进口。另外，韩国 60% 以上的牛肉、鱼贝类，20% 的水果、禽肉和奶都需要从国外进口，只有砂糖和蛋可以自给。韩国农业生产结构中种植业，特别是大米的占比较高，而畜牧业等占比小。

日本是个典型的岛国，国土面积为 37.8 万平方千米。日本是世界人口密度最大的国家之一，属于典型的人多地少国家。日本土壤贫瘠，主要为黑土（火山灰）、泥炭土以及泛碱土，大部分冲积土已开垦为水田，形成特殊的水田土壤。日本农林水产省公布的数据显示，到2021年底，日本全国耕地面积为455万公顷。其中，水田面积245万公顷，旱田面积210万公顷。日本平均每户经营耕地1.5公顷，其中70%的农户经营规模在1公顷以下，而且经营分散，以小规模经营为主。

从耕地的人均占有水平看，中日韩三国都属于人多地少的国家，中国农民人均占有耕地0.22公顷，日本为0.71公顷，韩国为0.56公顷，中国农民人均占有耕地面积要小于日本和韩国。小规模农户经营是三国农业共有的特征。

二、中日韩农业生产比较

中国是世界主要农业生产大国，种植业、畜牧业和水产渔业比较发达，水产资源丰富，无论海洋水产捕捞量还是淡水水产量都位居世界前列。据国家统计局发布数据显示，2022年我国粮食总产量13731亿斤，比上年增产0.54%；棉花产量598万吨，比上年增产4.36%；油料产量3653万吨，比上年增长1.11%；糖料产量11444万吨，比上年减少0.09%；生猪出栏量为69995万头，比上年增加4.27%；牛奶产量3932万吨，比上年增长6.76%；禽蛋产量3456万吨，比上年增长1.38%；水产品产量6866万吨，比上年增长2.62%。2022年农村居民人均可支配收入为20133元，比上年实际增速4.2%，为2011年以来最低的一年，城乡居民收入比降至2.45，也是2011年以来最低。

随着日本农产品生产的下降和生活方式的变化，日本许多食品越来越多地依赖进口，成为世界最大的农产品进口国之一，从原料到食品均有较大需求，进口农产品范围很广，主要有肉类、粮食、乳制品、水产品、水果及蔬菜、动植物油、糖、绒毛、草皮、茶叶、松香等。日本谷物进口年均量约250万吨，占世界进口量的10%，主要用于饲料畜牧业。日本畜产品的消费有3%以上靠进口。近几年肉类进口量大幅度增加。日本已成为世界市场上最主要的肉类净进口国之一，进口量占世界进口总量的10%以上。日本人均鱼类消费量仅次于韩国，居世界第二位。日本在出口水产品的同时，也大量进口水产品，是世界水产品进口最多的国家。日本所需棉花全部依靠进口，日本一直是世界最大和最稳定的棉花进口国，蔬菜也是日本进口的大宗产品，主要品种为洋葱、食用菌、大蒜、冬笋、带夹豌豆、毛豆等。

农业是韩国国民经济中的弱势产业。自 20 世纪 70 年代以来，韩国通过实施城市化和工业化进程，由传统的农业国转变为工业国家，韩国农产品因此较多依赖国外进口。韩国农业以小规模家庭经营为主，随着韩国经济的飞速发展，农业占韩国 GDP 的比重不断快速下降。1970 年，农业占 GDP 的比重为 20.7%，而到 2014 年这一数字就已经下降到 2.3%。韩国城市化发展速度很快，农业劳动力流失和老龄化问题严重。1970～2014 年，韩国农业就业人口比例由 50%降到了 5.7%。水稻是韩国最主要的粮食作物。韩国 80%的农业人口参与稻米生产，54%的耕地为稻田。虽然随着经济的发展，韩国人的饮食习惯开始发生变化，大米的消费量呈下降趋势，但仍然是韩国人的主食。1978 年，韩国通过推广高产水稻新品种实现了大米的自给自足，1996 年实现了稻田作业机械化。除大米外，韩国主要的粮食作物还有大麦、大豆、玉米和小麦。这些作物在韩国主要用作加工，用于口粮的只占很小的比重，几乎完全依赖进口。加入 WTO 后，韩国蔬菜和水果的种植面积一直在下降，蔬菜和水果产业产值在农业总产值的比重呈下降趋势，不过由于技术进步和温室蔬菜种植面积的增加，蔬菜和水果总产量一直在增加。随着韩国国民收入的不断提高以及人口的增长，畜牧业在韩国农业的比重在不断提高。2005 年以来，韩国畜牧业产值开始超过大米。

三、中日韩农业人力资源禀赋比较

从农业劳动力资源来看，中国是人口大国，有 14 亿多人口，其中农业人口有 5 亿人，占 35%。虽然比过去 60%～70%的人口为农业人口有所减少，但是中国农村劳动力资源丰富，这是中国农业精耕细作的基本禀赋条件，而我国农村劳动力文化水平不高，提高农村劳动力素质的任务还很艰巨。与中国情况不同，日韩均为发达国家，特别是日韩两国第二、第三产业相对发达，劳动力资源成本较高。以日本为例，日本农民的组织化程度高，但是农业就业人口不断下降，2020 年日本从事农业生产的人口不到 200 万人，只有 192.2 万人，其中老年人口占比高达 70.2%，农业从业人口的老龄化问题日益严重。经过 40 多年的发展，韩国农业人口由 1970 年的 1440 万下降到 2018 年的 230 万，占总人口的比例由 44.7%下降到 4.4%；60 岁以上农业从业人口占农民总数超过 60%，30 岁以下农村从业人口仅占0.8%，韩国也面临着农业从业人口日益老龄化的问题。

第三节　中日韩农业政策的比较

　　农业作为国民经济的基础，直接影响着国民经济全局的发展。随着社会经济的发展与进步，多数国家的农业发展都面临着一些问题，在一定程度上阻碍了经济的发展，各国政府都依托本国农业的基本国情制定并推行了相应的农业政策。在农业发展的影响要素中，政策因素处于主要的引导地位。因此，解决农业问题的关键，在于对不同时期不同形势下的政策选择进行分析，找出适合当前阶段发展状况的农业政策。

　　日韩两国作为发达国家，在其农业经济的发展过程中面对机遇和挑战不断对其农业政策进行调整，并取得了卓越的成效。2001年底，中国加入WTO，中国经济逐步走向国际化，且随着国际化程度的不断加深，农业生产及增长方式也出现了前所未有的转变。加入WTO后，中国很难再从关税及政策上对农业实施保护，且由于受人口、经济水平等因素的影响，中国缺乏雄厚的经济支撑农业体系。中日韩同处东亚，三国虽在政治经济体制上各不相同，但在农业发展方面却有类似之处。日本农业在20世纪80年代后步入高效农业的发展行列，拥有较为完善的农业政策体系。韩国的农业政策随着世界经济浪潮的推进在不断进行调整，逐步实现了"保护—开放—亲环境"的重大转变。通过对不同时期中日韩的农业政策进行对比研究，有利于在不同自然资源及经济水平的背景下在农业政策制定上发挥重要作用，对日韩先进农业政策及农业发展经营理念进行分析借鉴，结合当前中国国情，开辟出一条符合中国国情的具有中国特色的农业道路，制定出一套符合中国发展的农业政策体系。

　　中日韩三国的农业政策立足本国的国情而各有不同，日本和韩国对农业保护和支持的内容非常广泛，已经形成了完善的农业政策支持体系。在WTO建立前，日韩两国主要实行通过价格支持来稳定和提高农民收入的支持政策，价格支持政策为防止城乡居民收入差距过大、保护农民利益起到了积极作用，但价格支持政策影响农户的生产决策，对农产品贸易会产生扭曲作用。在 WTO 农业协议框架下，日韩两国将农业保护政策重点转向了转移支付。以大米为例，日本长期以来给予稻农优厚的补贴，而且大米的进口关税高达 490%，导致进口大米丧失价格优势，进口大米总量被控制在占日本市场的 5% 左右，而且多用于养殖业和食品加工业。韩国对农业生产也实行补贴政策，据经济合作与发展组织（OECD）统计，韩国政府从 2005 年开始实施稻农收入补偿项目，将市场价格与设定的目标价格之间差额的 85% 补偿给农民。政府不断加强对农业生产的补贴和扶持力度，重视亲环境农业发展，保护本国农业免受外部冲击，保护生态环境不受破坏。

中国政府实行了积极的农业支持政策，加强"三农"工作。面对国际市场粮油价格上涨局面，中国政府较大幅度提高了粮食最低收购价，同时还进一步加强了耕地保护和农田水利建设以鼓励粮食生产发展，提高农业综合生产能力。这些政策措施在保护和调动农民积极性、保障重要农产品供给、增加农民收入等方面发挥了重要作用。但中国农业长期以来一直处于负保护状态，农业基础设施薄弱，抵御自然灾害的能力不强，与日韩两国相比，农业支持的力度和广度存在明显差距，特别是在财政、金融、保险、农业组织等方面差距尤为突出。因此，中国应当借鉴日韩两国在农业支持政策方面的经验，尽快构建和完善农业支持政策体系。

一、在农产品贸易及流通方面的比较

日韩通过农产品价格政策、农产品出口促进政策和关税保护壁垒等举措来保护本国农产品市场，限制国外农产品对本国造成的冲击，从而维持国内农产品价格稳定。农业功能的多元性已成为世界农业发展的趋势。日本的农业政策在强调农业多功能性的同时，加大了农业支付力度。日韩两国在早期即建立了农产品流通体系，并通过政府职能的发挥，建立了市场竞争机制，在维持市场稳定方面发挥了重要作用。

加入 WTO 后，日本逐步放松了对农产品流通领域的管制，形成了一套以市场为依托的农产品流通体系。韩国通过对产地农产品流通改革、农产品批发市场建设及销售市场环境的改善等一系列措施，提高其农产品的流通效率。在农产品贸易及流通领域的一支重要力量是能代表农民利益的农民自己的合作组织。通过合作组织架起农民与政府、科研机构、大学、非政府组织之间的桥梁。合作组织具体实施政府的多项计划，通过农业生产结构调整、农产品收购计划、农业技术推广、低息贷款等，实现对农民收入的支持。日本农村普遍建立的是兼具股份制与会员制双重特征的综合农协，根据加入自愿退出自由原则，参加农协的农民或居住在农村的非农民只要缴纳一定数额的股金和会费，参加农协活动，就能成为农协会员或不得掌握控制权的"准农协会员"。日韩两国的农协在农村经济的发展过程中极大地推进了农产品流通的发展。

与日韩两国相比，中国的农民专业合作组织尚未成熟，流通链冗长，相关法律法规及制度体系不健全，农产品批发市场也有待进一步发展。

二、在农业保护方面的比较

日韩两国对本国的农业采取高度保护的农业政策，在限制农产品进口的同时对农产品提供价格支持及补贴投入。日本农业政策的主要特点体现在农业保护上。日本采取配套的农产品补贴制度，对部分农产品进行限价保护制度，从而保证农产品的最低价格制度。与此同时，日本对农业基础设施建设及生产改造也推行补贴的农业政策。

韩国政府也采取农业保护政策对本国农业进行保护，在其贸易自由化完成以后，韩国政府采取了一系列农业保护政策以减缓市场开放对农产品市场造成的冲击，政策中心实现由保证增产及维持价格稳定向提高竞争力转移，鼓励并支持现代化农业企业的发展及经营规模的扩大以提高其竞争力。韩国政府出台多项政策稳定农民收入，强调发挥农业的公益性职能。

长期以来，中国坚持农业生产以立足国内生产及自给自足为指导，并采取关税及非关税措施以抵抗国外市场造成的冲击。近些年来，中国农业发展取得了一定成就，农业税的取消及农业补贴的行为中国农业发展注入了新的活力。中国目前正在加紧新农村建设，但与日韩相比，中国的农业保护尚未形成完整的保护支持体系。从主要国家对农业支持总水平（PSE）的比较分析中不难发现，现阶段中国的农业保护水平偏低，财政投入额及分配结构都存在诸多不合理现象。

三、在农业保障方面的比较

日韩两国都推行农业社会保险保障制度，且两国的社会保障制度建立较早，体系较为完善。日本早在 1958 年就在农村建立了养老保险制度。自 20 世纪 60 年代起，韩国政府开始重视在社会上推行社会保障，相继出台了多项社会保障方面的法律。两国在完善农村社会保障方面，采取了年金制度，用以改善农村地区生活环境及农村人口生活水平。鼓励发展以农业作为依托的行业，开展生态农村旅游建设，吸收民间资本用于生态农村建设，实现农民创收。

中国的农业保障制度建设始于 1956 年，2002 年以后，中国加快了农村公共服务体系的建设，至 2007 年在全国范围内建立农村最低生活保障制度。当前阶段，中国政府加快对农村社会保障的建设，并取得了初步成绩，但与日韩相比，中国的农村社会保障覆盖面仍有限，保障体系尚未健全，存在城乡失衡的现象。

第四节　中日韩农产品贸易政策的比较

日韩两国农业国际竞争优势较弱，两国为了保护本国农业在农产品贸易问题上一直态度强硬，制定了多层次的保护政策。我国加入 WTO 是农产品贸易的一个转折点，通过对比研究加入 WTO 后我国农产品贸易政策与日韩两国在 WTO 体制下的农产品贸易政策，以使我国在建立中日韩 FTA 的进程中趋利避害，保持农业的稳定和可持续发展。

一、中日韩加入 WTO 后保护本国农业措施比较

加入 WTO 后，中国国内农业政策受到农业协议等有关规则的约束和制约。由于中国在国内农业政策支持方面长期实行负保护政策，中国对农业的国内支持措施水平为负值，负的支持水平不必承担减让承诺。但按照农业协议的规定，决定了今后国内农业支持水平不能超过基期平均农业生产总值的 10% 这一微量允许水平，最后中国"微量允许标准"定为 8.5%，远低于发达国家削减后水平，也

是发展中国家较低水平。加入 WTO 后，我国承诺的农业国内支持水平比一般的发展中国家更为苛刻。

日本加入 WTO 后，将国内支持政策从价格补贴调整到强化农业生产能力方面，大幅度调整了农业财政支持政策，在 WTO 农业协定允许的范围内，制定了专门的相关对策并增加"绿箱措施"支持力度，从过去以补贴生产、流通环节调整到支持农业公共性服务、生产结构调整以及农业基础设施等方面，维持了总的农业支持水平。以 1997 年为例，用于"绿箱"政策范围农业预算达 220 亿美元，占当年政府农业预算支出的 90%。利用"黄箱"政策干预农产品价格形成机制，主要采取进口加价或提高国内批发价的方式，使农产品国内销售价格远远高于进口平均价，本国农业利益和农业生产得到了间接保护。1997 年日本的大米、肉制品、麦类、牛奶等主要农产品国内外差价 254 亿美元，占当年"黄箱"政策涉及金额 271 亿美元的 93.6%，大米价格保护又占其中的 79%。

在 WTO 体制下，为了防止本国农业产业遭受外来冲击而蒙受损失，韩国政府通过实行强化农业的政策，来提高本国农产品竞争力，并限制某些农产品进口来维持国内价格的短暂稳定。将重要农产品如大米、大蒜、牛肉、辣椒等转化为国营贸易，并依照生产情况调整进口时期；公开拍卖鸡肉、猪肉等农产品的进口权；视进口价格、进口量等情况执行特别紧急关税；强化原产地标准以及进口动向检查等。另外，韩国政府建立农产品出口的专门基地，制定物流标准，强化海外市场开拓活动等一套农产品出口支持体系，并为农产品出口提供保险保障，以此来促进农产品出口。

二、中日韩加入 WTO 后农产品关税政策措施比较

自加入 WTO 开始中国有 5 年的减让过渡期，到 2004 年中国农产品关税平均税率降到 14.5%。2008 年中国继续履行关税减让承诺，降低了包括草莓在内的 45 个商品进口关税；继续对小麦、玉米、稻谷、大米、糖、羊毛、棉花 7 种农产品和尿素、复合肥、磷酸氢二铵 3 种化肥的进口实行关税配额管理。

日本是 WTO 成员中对农产品市场保护偏重的国家，但由于受农业协定约束，自 1995 年起也开始实行关税改革。主要包括四个方面的内容：①实施降税计划。日本根据农业协定承诺至 2000 年农产品的平均关税下调 35%，平均关税率降为

12%，但不同农产品减让的幅度差别较大。②除大米实施关税特别措施外（490%的高关税），其他限制农产品进口的非关税措施撤销，全部征收关税，并建立符合世贸规则的市场准入机制，对部分农产品进口采用关税配额的办法。③根据 WTO 农业协定规定，建立大米的最低市场准入机制，大米进口量占国内消费量比重从 1995 年 3% 提高到 5%，每年的进口量从 37.9 万吨增加到 72 万吨，到 2000 年实际进口 338 万吨，大米仍得到较大程度的保护。④将传统的边境限制措施调整为世贸规则允许的边境保护手段。

韩国加入 WTO 后，降低关税水平，在 10 年内平均削减 36% 的关税，最低每项减少 15%；将非关税壁垒转化为关税，取消如浮动关税、最低进口价格限制、配额以及各类限制性协议等非关税壁垒措施，代之以从价税和从量税；最低市场准入，对进行关税化的商品保持目前的进口准入量，当进口不足国内消费的 3% 时，自 1995 年至 2000 年内应增加到 5%；对国内农产品的支持在 1995 年以后 6 年内减少 20% 的支持总量；6 年内将有补贴的农产品出口量减少 21%，出口补贴预算开支削减 36%；在 10 年内保留大米关税化，10 年后再协议是否保留关税问题，最低市场准入 1995 年为 1%，5 年后为 2%，10 年后为 4%。

三、中日韩农产品关税配额管理比较

中国在加入 WTO 议定书中对 10 种农产品实施关税配额管理，分别是玉米、小麦、大米、棉花、豆油、菜籽油、棕榈油、羊毛、食糖以及毛条，从配额数量来看，除食糖外，均占到世界贸易量的 10% 以上，其中棉花、大米、羊毛和食用油的配额数量占到了世界贸易量的 20% 左右，是所有 WTO 成员国同类产品配额数量的几倍乃至几十倍。自 2006 年起，中国取消了豆油、棕榈油和菜籽油等食用植物油的关税配额，从这方面看，中国农产品市场的开放程度远远高于其他 WTO 成员国。

日本实施关税配额管理的农产品主要是本国具有比较劣势但又关系到本国农业稳定和安全的农产品，有大约 20 种，如小麦、大麦、花生、稻谷、乳制品、菜豆、淀粉、魔芋等，2000 年以来配额平均完成率为 67%。日本施行关税配额的农产品种类虽然不多，但管理程序较为复杂，透明度不高。

韩国在 GAIT 第八轮乌拉圭回合谈判中，获准进行关税配额管理的农产品有

67 种，目前仍然维持对 60 大类农产品的关税配额管理。2005 年，对超过配额规定的部分农产品征收配额外关税，高达 200% 以上，其中大蒜的配额外关税为 360%、芝麻为 630%、绿豆为 607.5%、大枣为 611.5%、绿茶为 513.6%。此外，对部分关税配额农产品实行标准非常严格的招标制度。

四、中日韩技术性贸易壁垒政策措施比较

我国积极参与 WTO 新一轮多边贸易谈判，建立严格、公平合理的技术性贸易壁垒和动植物卫生检疫新规则，约束发达国家越来越泛滥的技术性限制措施，为中国商品出口营造公平竞争的国际环境。我国的《进出口动植物检疫法》及相关法律法规中关于对动植物的卫生与检疫标准是与国际通行标准不统一的，而且防疫水平低下，检疫措施需要更具灵活性。2007 年发生的"毒饺子事件"以及 2008 年的中国乳制品"三聚氰胺"事件，在很大程度上损害了中国卫生与动植物检疫标准以及农产品的声誉，同时也反映出食品监管体系存在的严重缺陷。中国政府宣布废止食品质量免检制度，并对正在制定的《中华人民共和国食品安全法》做进一步修改，提高我国农业技术和卫生与动植物检疫水平，逐步取消带有保护性质的国家卫生与动植物检疫措施。

日韩两国都制定了比较完善的保障食品安全的法律、法规以及标准体系。日本厚生劳动省颁布了 2000 多个品种、1000 多个残留限量标准，农林水产省颁布了 7 类 351 种品质规格标准。日本对进口农产品、畜产品以及食品实行严格的检验防疫制度，2007 年以来，日本先后发布了《植物保护法执行条例修正案》《食品卫生执行条例的修正案》《宠物食品安全保证法》等。最典型的是 2006 年 5 月开始实施"肯定列表制度"，中国成为主要受害国。同时，将知识产权保护引入农产品贸易领域，以作为国内农产品保护的新手段，如日本 2003 年开始实施的《种苗修正法》，这一规定将对引进日本种苗的外国农业生产商的进口造成相当大的限制。另外，日本政府还实行苛刻的标签制度与包装要求以及独特的农产品规格制度，加大了外国农产品进入日本市场的难度。

韩国则有《食品安全基本法》《中药材中农残和重金属限量及测试方法的建议修正案》《国际贸易中的木质包装材料管理准则》等，韩国有关法律规定：检验检疫部门必须对进口到韩国的新鲜水果进行病虫害风险评估，这一评

估过程往往耗时数年。另外，设置苛刻的检测标准和项目，如针对中药材中的农药残留，同时修订了最大残留限值，另外还增加了重金属最大残留限额等项目的检测。

中日韩三国由于农业资源禀赋的不同，经济发展阶段不同，农业结构各不相同。由于几千年自然经济的影响，中国传统农业以种植业为主，并且粮食生产占绝对比重，经济作物和其他作物所占种植业比重较小。改革开放以来，中国一直在不断努力调整农业结构。中国农产品贸易随着中国经济的发展、中国加入WTO 而快速增长。日韩两国相对中国而言土地狭小，但是农业机械化水平均远远高于中国，虽然粮食自给率不高，两国农村经济发展较好。

1979 年中国联产承包责任制的改革，使中国农业开始走上恢复发展的道路。加入 WTO 为中国农产品贸易的进一步发展提供了良好契机，农产品贸易政策的改变使农产品进出口都大幅增长。日韩两国作为发达国家，在发展过程中均制定了卓有成效的农业政策，使两国农业得到很大程度的发展。但是两国农产品自给率不高，为保护本国农业，两国的农产品贸易保护情况较为严重。

从农业和农产品生产贸易的基本情况来看，三国各自有农产品存在比较优势。

第四章　日韩农产品贸易促进政策

第一节　日韩两国农产品出口战略

近年来韩国及日本都强力推动农业出口，韩国有农产品出口提升政策，日本有农林水产业出口力强化战略。日韩两国分别提出其主要策略并详细制定了促进农业出口的各种政策措施。

比较日韩两国的农业出口策略，可以归纳为11个策略方向，分别为：

（1）信息搜集与传递：两国都非常重视海外市场的信息搜集，除了农产品市场信息外，还要对相关国际贸易法规、检疫规定精通。

（2）产品开发：两国都希望能开发出具有国际市场竞争力的产品，日本和韩国都特别重视农产品包装，并投入大量资源支持农产品的包装设计研发。

（3）产业链的整合：为了达到全年稳定供货、联合营销的目的，两国不断整合国内各产品产业链或产地。

（4）出口咨询与辅导：日本重视出口咨询的每个环节，过程中进行配套的出口辅导与咨询的措施，包含发放手册、主动说明、提供专家咨询以及办理研讨班等。韩国则是多以成立专家辅导团的方式，来协助农产品出口。

（5）通过认证与GAP确保产品质量：为了让消费者相信其出口产品具有安全性，同时希望能进军国际市场，故把取得相关国际认证视为重要任务。

（6）国际营销：日韩两国都花费许多资源在国际营销上，并采取了许多措施。两国皆重视国际参展，并且致力于向到访的外国游客进行营销。不过，两国在营销手法上也有许多不同。日本重视人与教育的推广效果，因此希望通过有影响力的人士来帮忙推销，另外，也通过专业推广人才的培养、招收外国人赴日学习日本料理、向国外游客开展农业教育等方式来推销日本料理进而提升日本食材的外销。韩国则是采取无所不在式的营销手法进行销售，通过各种传播媒体，从传统的电视电影广告，进而到新兴的网络媒体、拍摄纪录片、流行文化的置入性营销或者体育营销都是其采用的宣传手法。而各种方式也都有所涉及，例如当地超市与百货、网络商城、电视购物、海外商店都可见韩国农产品的踪迹。

（7）配送支持：两国对于海外配送都采取协助出口业者降低运送成本以及提升保鲜效果作为支持的方式。

（8）降低出口障碍：两国都非常重视出口目的国对疫病、用药规定的遵守与对策，致力于各项出口农产品皆能符合出口目的国的要求。日本甚至由内阁官房成立出口法规应对小组来应对。

（9）简化出口手续：主要的目的是协助出口业者能更快速地、便捷地完成农产品出口的相关手续。

（10）出口贷款：主要目的是提供韩国农产品出口业者资金上的需求，给予优惠贷款。出口优惠贷款有两个方面，分别为出口项目生产会展馆支持以及农产品出口公司支持。

（11）降低出口风险：两国政府为了协助出口业者降低贸易风险，都有提供农业贸易相关保险。日本另有提供海外买家信用调查服务。

第二节　韩国农产品出口促进政策

韩国农产品出口促进政策由农业、食品与农村事务部所共同制定，并通过经营单位如韩国农水产食品流通公社、政府和政府附属部门直接或间接执行，来支持公司与农场。韩国农产品出口提升政策共有三大领域，分别为发展国外市场、农产品销售促销以及贸易融资支持。海外市场渗透计划主要通过农水产食品流通公社来实施。

韩国农水产食品流通公社成立于 1986 年，为半官方政府机构，通过有效分销农产品，来实现稳定价格与扩大出口。韩国农水产食品流通公社聚焦于农业发展，来促进农产品出口的活动已然完成。这包含参加外国食品展览、派遣市场拓展团队、发展项目的包装设计。特别是在主要出口对象国家如日本，经营海外农贸中心，并收集海外信息、销售信息与宣传活动。此外，韩国农水产食品流通公社也支持出口企业，鼓励其参与主要出口目标国家的食品展，并设计能导入韩国农产品的小手册。韩国政府希望通过此政策于 2022 年能达到农产品出口 200 亿美元的目标。

韩国出口支持政策可分为三大部分，分别为海外市场开发、农产品销售促销和出口贷款。前两项为援助计划，最后一项为贷款。

第一，就海外市场开发的计划而言，项下有三个子计划：

（1）农产品出口基地建设方案，底下可细分为六个项目：①培养出口先锋团队；②培养出口专家团队；③出口咨询；④产品安全管理；⑤打造海外市场数据库；⑥激励出口。

（2）扩大出口成长项目计划，底下可细分为八个项目：①食材出口振兴计划；②有前景产品开发项目；③包装设计开发；④联合品牌管理；⑤联合营销；⑥新市场开发支持；⑦促进地方特产出口；⑧打造海外配销基地。

（3）海外营销支持计划，底下可细分为七个项目：①支持参与国际会展；②与配送企业合作的销售促销；③与当地政府合作的促销；④开设海外永久性店铺；⑤与买家进行中介交易；⑥海外广告；⑦根据出口条件变化的新行销方式。

整个海外市场开发的计划旨在通过建构信息、物流网络基础、商业化、品牌培育、加快贸易自由化，来提高公司在国际间的竞争力、增加农户收入与农产品产业发展，来作为扩大出口的契机。该计划预算自 2000 年的 800 万美元，增加到 2012 年的 3100 万美元。

第二，就农产品销售促销而言，政府支持降低物流成本并建立足量的基础设施，来持续扩大农产品出口，同时增加农户收入。本计划预算自 2000 年的 1900 万美元，增加到 2012 年的 4100 万美元。

第三，出口贷款计划旨在培育专业的出口体系，通过对食品企业、有出口资金需求的中小企业提供支持来扩大其生产规模。出口贷款优惠可分为两部分：韩国农业协会的出口生产会展馆支持以及农产品出口公司支持。2012 年出口资金支持计划规模为 3.65 亿美元。出口生产会展馆支持计划规模为 4100 万美元，等于出口总额的 11.3%。农产品出口公司支持计划为出口总额的 88.7%，约 3.24 亿美元。农产品出口公司支持计划提供政策性基金，主要通过提供贷款的方式，来协助解决融资问题。该贷款可借给符合资格的企业，以为期 1 年的低利率（3%~4%）来支持企业经营运作，但因受支持的企业每年通常情况相同，故贷款已演变为长期贷款的方式。企业对本项目的响应相当正面，因本项目可部分缓解公司的财务困难。

韩国农水产流通公社在韩国农产品出口扮演着非常重要的角色，该组织代表中央政府执行出口支持方案，并将海外市场开发与农产品促销的工作分为组织生产、防卫类、市场开发、配送支持、出口金融保险等。组织生产的工作包含园艺作物生产事务支持、有前景的产品开发、培育贸易专家、培育出口先锋小组、振兴出口委员会等。防卫类包含支持 GAP 认证、对残留化学物质检验费用的支持，以协助通过各国的检疫标准。市场开发包含海外宣传与营销支持、配合国外配销企业的促销活动、参与国际博览会的支持、中介交易、联合品牌的管理等。配送支持的方式为直接性的物流成本基金、对海外配销中心的支持、农产品配送效率咨询等。出口金融保险内容，包含韩国贸易保险公司的交易风险保险以及农业出口保险、优质农产品购买支持等。

韩国农水产食品流通公社支持农产品出口的项目与目标主要项目子项目目标组织生产园艺生产，支持通过由政府指定的园艺生产体系运行状况进行验证，来打造稳定的出口体系。有前景的产品开发通过农业产品整合商品开发项目与海外市场开发，来发展高附加价值的产品。培养出口先锋团队通过实地训练与咨询的方式，来尽早解决先进农业技术的问题。培养出口专家团队通过培养能管理从生产到出口完整流程的专业团队，来提高出口竞争力。振兴出口委员会通过筹组出口商之间的协会来管控产品质量、建立出口订单，并推动联合营销。

支持 GAP 认证通过倡导符合国际标准的农产品安全管理体系（良好农业规范，GAP），来培养出口导向农业区，并拓展安全农产品。支持化学残留物质检验通过对日本的农药残留肯定列表制度（PLS）做出回应，并对食品残留化学物质检验费用提供支持，从而确保农产品出口安全。通过举办试吃、广告宣传等促销活动，来扩大韩国农产品并提升品牌知名度。支持参与国际会展。通过以国家摊位形式来参与国际会展，进而提升国家农产品竞争力。通过公开的、大规模的优秀买家进行出口咨询，来达成中介交易。

支持国际商标注册并通过促进国内农产品注册国际商标来推 OEM 出口，并搭配开发高质量、具附加价值的出口产品，来筹备永续海内外出口基地。支持国际认证注册来获得某些国际认证（如 Halal 认证）后，将可降低非关税障碍、推动高质量与附加价值产品出口来拓展新市场，同时扩大出口。品牌管理则通过推动联合品牌来追求高质量与标准化流程。

第三节　日本农林水产业出口强化战略

一、主要战略

日本社会少子高龄化日趋明显，预计日本国内的饮食市场将会缩小。而放眼世界，距离日本较近的亚洲新兴国家，则是经济持续成长、人口持续增加，全球的饮食市场由 2009 年的 340 兆日元，倍增至 2020 年 680 兆日元。日本农林水产品及日本饮食，在全球曾获得高度的评价。

2013 年，日本和食入选联合国教科文组织非物质文化遗产；2015 年，在首次以食物为主题的米兰世博会，日本馆曾获得高度的评价。此外，海外的日式餐厅数也从 2013 年的 5.5 万家增长为 2015 年的 8.9 万家，来自海外的访日旅客在 2015 年创下一年 1974 万人的最高纪录等，足见日本饮食蓬勃发展。

日本农林水产品、食品的出口额稳定增长，自 2013 年起，连续 3 年刷新过去最高金额，2015 年日本农产品对外出口额为 7451 亿日元，提前 1 年达成 2016 年的期中目标 7000 亿日元。日本在 2018 年 3 月签署了《全面与进步跨太平洋伙伴关系协定》（CPTPP）。CPTPP 对于米、牛肉等日本特别希望扩大出口的品种，均取消对象国的关税。对于将日本的农林水产品、食品推销至全世界，CPTPP 是不错的机会。

在海外，日本政府预料今后对饮食的需要将更加扩大，而出口将是扩大农林水产品、食品销售通路的重要手段。长期以来培养的农业加工技术，使日本可以提供各季农林水产品及多样化的食品，这是日本农林水产业、食品产业的优势。若能配合海外的需求，出口更多高质量的日本产品，建立价值链，预期将可提高农林渔业从业人员及食品业者的收入。

此外，提升农业环境，将能让更多的日本青年人参与农林渔业，同时利用 IT 等新技术，实践充满创意的经营，相信能打开农林渔业的传统观念，进而促进地方创收。农林渔业从业人员、食品业者是出口的推动力。进一步激励这些主角的能动性，使其积极作为，政府则予以扶持，这是日本政府的基本态度。同时，对于民间无法处理的外国法规等，则请求政府全力应对。日本农林水产业出口强化工作小组对于出口相关各领域（供给、需求、物流、出口环境整备），均听取专家意见，制定出农林水产业出口强化战略。

日本政府还通过企划，吸引更多业者融入农业发展战略中，进而催发具体的行动。另外，为积极发展海外市场的从业者助一臂之力，日本政府还分类了国家及地区，分析当地消费者喜好、从日本及其他国家的进口状况等，针对出口扩大的课题与具体对策，制定不同国家、不同地区的农林水产品、食品出口扩大策略。除此之外，为使农林渔业从业人员改变想法、发挥创意，成为促进出口的契机，针对各品目以出口为目标的课题以及今后的方向，制定品种类别出口强化应对方向。

除日本国内市场外，若能再获得海外市场，将可开启农林渔业及食品产业的未来。对于农林水产品、食品的出口额，尽可能及早达成 2020 年 1 兆日元的目标。结合农林渔业从业人员、食品业者及流通业者、物流业者和政府之力，针对提高出口的目标推动对策，让农林水产品成为出口增长的重要方向。

二、促进农产品出口的七大行动

日本政府对于民间主动积极的作为，提供支持七大行动。对于主动积极的农林渔业从业人员及食品业者，传递两大信息。为强化日本农产品出口竞争力，在具体的策略中，解决扩大农林水产品、食品出口的课题是不可或缺的内容，因而特别抽出其中需要尽速推动的新对策，列为七大行动。在政府与民间分工之下，使之步入正轨。而国家、地区的农林水产品、食品出口扩大策略与品种出口力强化的应对方向，是给农林渔业从业人员及食品业者的两大信息。让更多业者能善用此策略方向，投入农林水产品、食品的出口扩大事业。

（一）七大举措

措施一：提供情况信息。第一步先了解对方国家、市场、竞争对手，将当地需求等出口相关信息，集中于日本贸易振兴机构（JETRO），以网讯或电子报等方便使用的形式，提供给使用者。

措施二：将日本农产品的优良品质，传达至全世界。宣传日本的强项，活用日本农业标准（JAS）的架构，针对海外消费者、业者，对于日本产品的质量及特色，提供担保的制度。同时与访日旅客合作、宣传一体化推广，进而扩大日本农林水产品、食品的出口。

措施三：推动策略式的销售。以接力式出货的方式达成全年供给的目的。此外，要建立推销机制，往前推进，主要的措施有：①对于2016年起正式实施的水果接力式出货，提供资金支持；②重新制定国家、地区活动日程表，实施全国统一的推广活动；③利用最新保鲜技术，以船舶提供大量且高质量的农林水产品、食品。

措施四：协助农林渔业从业人员自行于海外设置销售网点。对于在新加坡设置农水产品产地直销市场的做法，提供支持，创造海外产地直销市场的成功范例。

措施五：调整既有法规，将日本国内批发市场转换为出口据点，将传统市场变成海外市场，对海外买家开放市场设施，同时推动货柜场地整建。同时放宽法规，让批发业者能与海外买家直接交易，在海外买家的委托下，中间商能与产地直接交易。

措施六：为放宽、取消各国限制，建立跨部会小组，采取策略式的应对。对于食品安全、放射性物质、检疫、通关手续等出口相关法规，在日本内阁设置出口法规应对小组。

措施七：改革国内出口相关手续。以节省出口劳动力与时间为目标，跨各部会合作，简化各出口相关证明文件的开立手续。在动植物检疫方面，除现有主要港口及机场外，弹性应对清晨、夜间、周六、周日、假日的需求。

（二）两大信息源

信息源一：提供各国家、各地区农林水产品、食品出口扩大策略。为了弥补各民间单位的信息缺失，对新的发展商助一臂之力，对于主动积极的农林渔业从业人员、食品业者，使其感受到销售增长的可能性，成为进军海外的契机，因此由日本政府针对出口对象国消费者的喜好、竞争对手国的状况进行调查，以广泛掌握需求，设定重点品种。同时针对各品种的目标、开拓销售市场的对策，提出建议，并且进行滚动式更新，将最新的信息提供给农林渔业从业人员及食品业者。

信息源二：提出品种出口强化应对的方向（米、蔬果、茶、畜产品、水产品等），提供给广大农林渔业从业人员的出口应对方向信息，将品种出口目标的策略、未来努力的方向，提供给农林渔业从业人员等。

三、农林水产业出口力强化的具体策略

（一）对民间积极的做法提供支持

（1）持续掌握国外市场的需求，汇集及提供信息给相关中央部会、相关团体，通过日本驻外使馆及驻在地事务所等窗口，持续搜集当地农林水产品、食品市场的相关信息等。各单位所负责的工作如下：①日本驻外使馆的日本企业支持担当官（饮食产业担当），搜集当地进口相关制度、驻外使馆的活动等所获得当地对日本饮食的反应等信息。②日本贸易振兴机构搜集与当地饮食生活有关的一般信息、农产品销售情况、展会及贸易会议等的反应及成交状况等信息，同时也记录推广活动、邀请买家等成功案例、失败案例的评价、分析情报。③日本农水省详细分析出口统计，将分析对象国从 10 国增加一倍。④日本观光厅、日本政府观光局搜集访日外国旅客的消费动向、需求等信息。

上述搜集的信息，与出口策略实行委员会合作，集中于日本贸易振兴机构。以 Web、电子报等方便使用的形式，提供给农业生产者，同时也反映在推广活动及邀请买家等方面。

（2）统一并有策略地进行推广活动。将民间人士参与的企划策略会议，设置于日本出口策略实行委员会之下，作为日本农产品出口策略的信息提供机构。将 JETRO 在推广企划与执行的功能发挥到极致。政府与民间结为一体，统一性、

策略性地推动。

企划策略会议的做法如下：①制定国家、地区活动日程表，列出 1 年以后的活动信息，其作用在于避免重复参加同一个展览会、促进活动的合作、挖掘展出者等。②推动统一共通的 LOGO 标志等推广设计，用于活动、手册等方面。③企划及检验接力式出货、产地间合作的做法。④强化访日旅客与农林水产品、食品出口的合作。活用 JAS 的架构，针对海外消费者及业者，研议创设担保日本产品品质及特色的制度。

（3）以多样化的方法推广可采用的方法包括：①日本首相出国旅行等之际，实施 TopSales 策略，活用东京奥运会等大型活动，实施推广活动。②善用日本驻外使馆、日本人俱乐部作为日本产品、日本饮食及饮食文化的基地。③于驻外使馆的招待会等场合，邀请知名主厨等影响者，发挥其对扩大日本产品、日本饮食及饮食文化魅力的影响力。④善用促进日本饮食普及的亲善大使，培育具备专业知识的人才，发扬日本产品、日本饮食及饮食文化。⑤邀请海外酒类教育机关 WSET 的讲师候选人前来日本，培养侍酒师等具备日本酒专业知识的人才。⑥促进在海外推广食品具有实绩及网络的法国机构 SOPEXA 与 JETRO 合作，实施引进创新的推广方式。⑦制作介绍日本产品、日本饮食及饮食文化的传播内容、入口网站及 APP，或提供采访的机会，活用各种海外媒体、Web 媒体等，向全世界发声。⑧充实日本展览会内容，促进展示会的应用等。

（4）整合推销日本饮食文化：①协助海外主要都市，设置、经营餐厅、销售空间、展示空间等具有发扬日本饮食、饮食文化等机能的设施。②举办结合了日本料理等饮食文化和餐器等传统工艺品等内容的活动。

（5）促进访日旅客带动出口：①善用广域观光周游路径中的示范路线以及饮食、农业体验等旅行方式，开发及销售以食与农为主题的旅游商品。②引进食与农的名胜地区认证制度、推动农泊政策，扩大外国旅客体验农山渔村、日本饮食及饮食文化的机会。③举办日本农产品展示活动，发扬日本农林水产业及日本饮食、食材的魅力。④在休息站、机场、游轮停泊港等地，以外国旅客为对象，推广农林水产品、食品伴手礼。⑤分发多语文宣，使外国旅客了解哪些农畜产品可以购买回国。⑥通过日本旅游活动，依各国家、地区的消费动向等，选择及宣传日本产品、日本饮食及饮食文化等的信息。

（6）让出口咨询事宜变得更方便。①制作及散发记载了咨询窗口等联络方式的手册等。②对于关心出口的农林渔业从业人员及食品业者，登门说明。③以农林渔业从业人员、中小型食品业者等为对象，充实与出口实务有关的研习会、研讨会等。

（7）建立农林渔业从业人员、食品业者与贸易专家联结的通道。①邀请海外买家至国内批发市场及产地等，举办贸易会议。②在贸易展览会方面，对于未来在扩大出口方面特别值得强烈期待的国家，扩大展出。③为提高贸易会议上的成约率，洽谈前介绍能让参加者学习基础知识的研讨会及案例，介绍国内的贸易业者，洽商后，提供交易状况分析结果、提供当地市场情报等，强化对参加者的追踪。④实时更新国内贸易业者、海外买家名单，补充出口地、经营品目等各业者的情报。⑤将希望从事出口业务的农林渔业从业人员、业者及其商品列表，提供给海外买家等。

（8）提出各种销售渠道、销售手法等建议。①增加积极使用日本食材的餐厅等，取得日本产食材后援店的 11 认证，增加日本料理知识与技能达一定水平而取得认证的外籍厨师，促进日本食材、食品的使用与销售。②推动外国人能在日本国内的日本料理店一边工作，一边学习传统料理等技术的做法。③在日系便利商店及当地超市等，实验性地贩卖日本食材及食品。④于海外设置产地直销市场，支持农林渔业从业人员直接出口生鲜品、一次加工品的做法。⑤对于弥补国外多样化的需求，积极建立出口据点。⑥推动以网络宅配、预购方式出口的做法。⑦跨足飞机餐、健康食品、冷冻食品等新领域，开拓市场。⑧培养能对当地消费者说明日本饮食及饮食文化等知识的当地销售员，同时为传递吃法、烹调方法、文化背景等知识，对当地消费者推动烹调展示及试吃活动。⑨针对海外主厨及流通、零售业者，学习凸显和牛腿肉及五花肉等部位优点的吃法、薄切技术，推动相关做法等。

（9）排除货款结算的不便。①针对低保险费率的农林水产业相关法人，设置新的贸易保险（扩充中小企业出口货款保险的对象法人），并促进使用（农水食品领域的使用公司家数，于 3 年内增加至目前的 3 倍以上，即 150 家以上）。②从出货到实际出口的各种出口手续等，建立代办、支持的体制。③对于从事出口业务的业者，提供海外买家信用调查服务。

（10）符合海外需求的生产模式。①为扎根日本品牌，建立接力式出货、全年供给机制。②在蔬果方面，由日本蔬果出口促进协议会协调各产地促销活动的时间，重新建构产地合作、全年销售的机制。③应出口目的国的需求，推动新品种的开发、引进，转换为优良品种。④推动新栽培技术的开发、引进，促进省力化、收量增、成本降低。⑤推动机器人技术、ICT等先端技术的技术开发。

（11）符合海外进口法规的生产模式。①应出口目的国的动植物检疫等，推动栽培方法、检查体制等的确立、引进。②为符合出口目的国的农药残留标准，推动防治体系的确立、引进。③推动不需动植物检疫的加工商品的开发、出口。④各地方政府建立专家组成的产地支持体制，对于出口目标国的法规，提出有关防治、生产、选果等的建言、技术指导等。⑤根据相关人士的同意，推动建立符合清真等出口目的国需求的食用肉处理设施。

（12）降低运送成本。①活用改正物流总合效率化法，促进共同运输等，使出货单位大批化。②扩大高开航需求的国内机场起降班数，形成竞争环境。③持续机场降落费减免措施。④研究增加出口机场冷藏仓库面积，引进租金优惠措施。⑤促进最新保鲜运输技术的普及、开发新技术，实现生鲜品大量且低成本的海上运输。⑥简化机场流通加工基地设置等流通工程。

（13）提升运送量及质量。①促进机场、港湾等出口据点周边建设冷藏仓库等。②在日本成田机场提升通栈的机能、改良货物区内的导线。③在日本那霸机场迁移暂定廉价航空设施，扩大货物区、增设停机坪。④推动国际物流枢纽化的研究。⑤提升港湾冷藏货柜出口的环境。⑥对于政府与民间基金，由日本企业跨足海外冷链事业，提供支持。⑦改善海外物流环境，推动政府间对话等。⑧促进低温宅配系统等的规格化、国际标准化。

（14）使中小型业者更容易销售。①开放批发市场设施，促进海外买家及出口业者有效利用，同时放宽法规，使海外买家与批发业者能直接交易。②于批发市场内建设可用于出口的货柜场等，同时于市场内开立各种出口相关证明文件。③活用政府与民间基金，设置日本商城，聚集日本产品、日本制品的零售店及日式餐厅的商业设施，支持其营运。④于海外设置产地直销市场，支持农林渔业从业人员直接出口生鲜品、一次加工品的做法。⑤推动以网络宅配、预购方式出口的做法。

（15）简化出口手续。①通过出入口、港湾相关情报处理系统，扩大可一元化处理的证明文件的范围（渔获证明文件、卫生证明文件）。②扩大证明文件窗口、领取场所（扩大于批发市场领取出口证明文件、开立渔获证明文件的地方政府等）。③对于具有国际性网络化动向的证明文件（植物检疫证明文件、动物检疫证明文件），推动电子化作业。④开立卫生证明相关文件的手续简化、迅速化。⑤开设网站，使各种出口相关证明文件的申请开立手续情报更容易检索。⑥主要机场的海关、植物防疫所、动物检疫所提供 24 小时 365 天的服务体制（其他场所也可依业者的要求而于清晨、夜间、周六、周日、假日等提供）。

（16）降低出口障碍。①关于食品安全、放射性物质、检疫、通关手续、流通业、物流业等外资法规等出口相关法规，为加速放宽及取消，由日本内阁官房成立由相关中央部会组成成员出口法规等应对小组，该小组的任务如下：一是对于致力于出口的民间企业等，听取及广泛地掌握其意见及要求等，并将其反映于谈判方针等；二是为扩大谈判选项，由各中央部会提出课题，决定谈判方针等；三是根据谈判方针，由相关中央部会游说对方国，达成共识，并且谋求解决。②强化动植物检疫体制，避免自海外侵入的病虫害等，导致出口停止。③为避免家畜发生疫病，导致畜产品出口突然全面停止，因而建构限定发生地区相互停止进口而得以继续出口的系统。④为使海外接受日本使用的既有添加物，实施向海外相关主管部门申请时所必要的安全性试验等。⑤设定海外农药残留标准，实施海外相关主管部门的申请所必要的各种试验。⑥对于新登陆及设定农药残留标准的农药，为使出口目的国也能于同时期设定基准，因而与经济合作与发展组织①各国进行国际共同评价，同时游说亚洲各国参加国际共同评价。

（17）取得国际规格与认证。①推动取得海外零售业者等所要求的国际性认

---

① 经合组织共有 38 个成员国，20 个 1961 年的创始成员国，它们是：美国、英国、法国、德国、意大利、加拿大、爱尔兰、荷兰、比利时、卢森堡、奥地利、瑞士、挪威、冰岛、丹麦、瑞典、西班牙、葡萄牙、希腊、土耳其。18 个后来加入的成员国，它们是（括号内为入会年份）：日本（1964 年）、芬兰（1969 年）、澳大利亚（1971 年）、新西兰（1973 年）、墨西哥（1994 年）、捷克（1995 年）、匈牙利（1996 年）、波兰（1996 年）、韩国（1996 年）、斯洛伐克（2000 年）、智利（2010 年）、斯洛文尼亚（2010 年）、爱沙尼亚（2010 年）、以色列（2010 年）、拉脱维亚（2016 年）、立陶宛（2018 年）、哥伦比亚（2020 年）、哥斯达黎加（2021 年）。

证。②建立源于日本而通用于国际的民间规格与认证架构。③检讨 HACCP[①] 的制度化。

（18）保护知识产权。①对于地理性标示（GI），建立与各国相互保护 GI 的制度，同时推动 GI 标志海外商标登记。②支持海外知识产权（发明、商标、新式样、新品种育成者权等）的取得、支持智慧财产纠纷的处理。

（19）开拓穆斯林市场。①搜集各国对于清真（HALAL）认证的不同情报，随时更新，同时设置清真食品专家，集中式地举办清真研讨会。②根据相关人士的同意，推动建立符合清真需求的食用肉处理设备。

（20）监督出口策略的执行，并进一步推动。①为脚踏实地推动出口策略，于出口策略实行委员会新设置企划策略会议，同时调整现行部会等的任务分工、组织及成员。②出口策略实行委员会每年通过 PDCA 循环（Plan-Do-Check-Act），检验出口策略的执行状况等，实施必要的调整。③在日本全国各地举办出口策略说明会，同时活用网页、通信等途径提供信息。

（21）与主要出口目的国建立政府与民间一体化的进口促进体制。研究主要出口目的国，建立驻外使馆、日本贸易振兴机构海外事务所、出口业者、日式餐厅、日系超市、便利商店、日系物流业者、当地买家等，共有当地咨询及课题，由相关人士协助解决课题的体制。

（二）积极为农林渔业从业人员、食品业者提供商业信息

（1）实施地区国别农林水产品、食品出口扩大策略。①为弥补各民间主体的信息不足，为发展海外市场的农林渔业从业人员、食品业者提供一臂之力，依各国家及地区情况，分析当地消费者的喜好、从日本及其他国家的进口状况等，针对出口扩大的项目，制定地区国别农林水产品、食品出口扩大策略。②进一步分析各国及各地区的有关品种、目标（收入阶层、年龄层、民族等）、推广方法等，同时针对每年地区国别农林水产品、食品出口扩大策略的执行状况等，制定深化策略。

（2）强化出口目的地的应对方向。①为使农林渔业从业人员改变想法，着

---

① HACCP 是英文 Hazard Analysis Critical Control Point 的缩写。HACCP 是国际广泛认可的食品安全管理体系规范，在食品生产、加工、处理以及后续服务过程中进行危害分析和控制，帮助食品企业符合相关国家法律法规要求，保证食品的安全性。HACCP 在许多国家成为法律规定的强制性规范。

眼于世界市场，发挥创意，在米、蔬果、茶、花卉、畜产品、水产品、加工食品、酒精饮料、林产品方面，针对各食品品种以出口为目标的课题，强化应对。②每年检验应对方案的执行状况等，实施必要的调整。

四、结论与启示

中国作为世界上利用外资规模最大、农业贸易最开放的国家之一，在促进中国农业农村经济快速发展的同时，对我国农业持续扩大开放、稳定国内农产品市场、提升农业竞争力和保持农民持续增收等带来了巨大挑战，尤其是在世界经济步履维艰的大背景下，我国农产品进出口贸易面临越来越多的障碍和壁垒，再加上国内耕地、水等农业生产基本资源短缺矛盾突出，农业生态环境和生产成本问题加重，国内外农产品价差越来越大，加剧了国内调结构、去库存、促升级的压力，要解决这些矛盾和问题，确保国内主要农产品稳定供给，服务农业供给侧结构性改革，需要进一步借鉴日韩两国农业走出去的经验与教训，加快推动农业走出去，统筹利用国内国际两种资源两个市场，加强农业产能国际合作，促进国内产业转型升级，提升我国全球农业资源配置能力，维护世界粮食安全。

第五章 中日韩区域内农产品贸易的特征

中日韩区域内农产品贸易在近 10 年保持着快速增长的态势。本章通过对贸易数据的整理归纳,分析中日韩区域内农产品贸易的增长与流向特征,并利用贸易密度指数等,衡量区域内中日韩农产品贸易的紧密程度。

在过去的二十年中,中日韩三国之间的商品贸易取得了大幅增长。目前,三国彼此成为最重要的贸易伙伴。2020 年,中国是日本和韩国最大的贸易伙伴。

根据世界海关组织(WCO)《商品名称及编码协调制度》(HS)编制的中日韩三国关税表,其中的农产品和非农产品采用了 WTO 的定义。根据统计,2020 年,中日韩三国的简单平均最惠国实施税率分别为 9.6%、4.4% 和 12.1%,2019 年,中日韩三国的加权平均最惠国实施税率分别为 4.1%、2.7% 和 7.9%;2020 年,中日韩三国农产品的简单平均最惠国实施税率分别为 15.6%、17.3% 和 48.5%,而 2019 年中日韩三国农产品的加权平均最惠国实施税率分别为 8.0%、15.8% 和 99.8%

此外,中日韩三国均实施暂定或临时关税。中国对特定货物在特定时期内征收临时关税。适用最惠国税率的进口货物有暂定税率的,应当适用暂定税率;适用协定税率、特惠税率的进口货物有暂定税率的,应当从低适用税率;适用关税配额税率的进口货物有暂定税率的,应当适用暂定税率。适用普通税率的进口货物,不适用暂定税率。2020 年,中国对 619 种 HS8 位税号下的税目实施了较低的暂定最惠国税率,包括农产品、渔业产品和工业产品。日本除了实施 WTO 约束税率,还通过《临时关税措施法》制定了一套名为"临时关税税率"的国内关税体系。临时关税税率适用来自所有国家依据最惠国原则进口的商品。2020 年,日本对 HS9 位税号下 474 个税目(包括农产品和非农产品)设立了临时关税税率。韩国对部分农业、林业、渔业产品和工业产品实施自主关税配额和调整关税表，由于这两项措施在最惠国待遇基础上在韩国的 WTO 约束税率范围内实施，因此符合 WTO 协定。自主关税配额用来提高或降低特定产品的关税税率。2020 年，共有 231 个 HS10 位税号实施了自主关税配额，上述税号产品的税率全部降低了。

当适用 WTO 最惠国关税税率或协定关税税率的进口产品同时适用上述自主关税配额或调整关税表下的税率时，应适用其中较低的关税税率。除关税外，中日韩三国都实行了非关税措施。虽然非关税措施难以准确界定，但通常认为，主要的非关税措施应包括数量限制、技术壁垒（TBT）、卫生和植物检疫（SPS）、分销壁垒等。

第一节　中日韩农产品贸易总体情况

中日韩三国某些农产品的产量非常大，如 2018 年三国的大米和猪肉产量分别占世界的 30.8% 和 47.6%。中日韩三国在世界农业生产中占有很大比重，这主要是由于中国的产量巨大。中国是世界上最大的农产品生产国和消费国之一，很多初级农产品的产量排名世界第一，如大米、小麦、棉花、猪肉、家禽、水果和蔬菜等。但是，中国的人均农业自然资源拥有量较少。例如，中国人均耕地面积和水资源拥有量相当于世界平均水平的 40% 和 26%，人均森林资源仅为世界平均水平的 14%。

近年来，土地资源的减少，造成了农业持续发展能力的下降。同时，中国农业的科技利用水平、专业化和市场化程度与发达国家仍有一定的差距。日本的农业部门正在面临以下困难：耕种维持在小规模，土地有限并且递减，农村地区劳动力老龄化，农民数量不断下降。2019 年，农村人口中 65 岁以上人口的比重达到 34.1%，而在日本全国，同年龄段人口的比重为 22.7%。此外，日本农业贸易逆差已从 2010 年的 596 亿美元升至 2019 年的 642 亿美元。因此，日本的粮食自给率已降至 2009 年的 40%，为发达国家中的最低水平。韩国的农业部门仍然面临各种困难，主要包括农田数量有限并持续减少，耕种维持在较小规模；农村地区劳动力老龄化的加剧；农业市场自由化后的调整。2019年，农村人口中65岁以上人口的比重达到34.2%，而在全国，同年龄段人口的比重为12.5%。此外，韩国的农业贸易逆差在逐年扩大，已从2009年的57亿美元升至2019年的150亿美元。

总之，中国、日本和韩国在农业领域面临着农业土地与人口减少以及农民老龄化等相似问题。农业不仅可以提供粮食，还具有保存耕地、管理水资源、保持地貌以及保护生物多样性等多项功能。上述问题的存在为三国农业的发展带来了阻碍。特别是这些国家受到亚洲季风性气候影响，稻田是耕地保护的重要因素。此外，由于粮食是人类生存的绝对必需品，因此，粮食安全也是这些国家共同关注的问题。

在农业方面，中国对日本和韩国均保持了贸易顺差，而韩国对日本贸易也呈顺差。根据WTO按照HS2007所定义的农产品，采用2019年的数据统计，中国自日本进口农产品主要包括水果、蔬菜、植物（占48.3%），油料、油脂（占32.2%），糖及糖果（占18.5%），以及动物产品（占1.03%）；而糖及糖果（占34.2%），谷物及其制品（占21.2%），水果、蔬菜、植物（占16.7%），饮料和烟草（占15.1%）是中国从韩国进口的主要商品。

日本从中国进口的农产品主要包括水果、蔬菜、植物（占42.8%），其他农产品（占15.8%），动物产品（占15.6%），油料、油脂（占9.0%）；而日本自韩国进口的主要产品包括水果、蔬菜、植物（占37.3%），谷物及其制品（占36.5%），其他农产品（占14.8%）。

韩国自中国进口的主要农产品包括水果、蔬菜、植物（占30.8%），谷物及其制品（占22.0%），其他农产品（占20.0%），油料、油脂（占18.1%）；而韩国自日本进口的主要农产品则包括谷物及其制品（占39.5%），饮料和烟草（占16.5%），其他农产品（占16.0%），油料、油脂（占13.1%）。

第二节　中日韩自贸区形成的潜在收益

消除和减少农产品贸易中的关税和其他贸易壁垒，将使三个国家分享自由化的潜在利益，其中消费者可以获得更低价格和更多品种的农产品，出口商可以获得更多进入伙伴国市场的机会。中国可以对日本和韩国增加蔬菜和水果等劳动密集型初级产品的出口，而日本和韩国将对中国增加高附加值的加工产品出口。

但是，日本和韩国认为自贸区可能在三国农产品贸易上产生非对称效应，并可能导致农业部门收益在三国之间不平等分配。未来的中日韩 FTA 有可能加剧日本和韩国对本国农业部门所受影响的担忧。在未来的中日韩 FTA 内，三国之间农产品贸易的范围和数量将会扩大，三国消费者均将因此而受益。但是，需要注意的是，中国在农业部门的竞争力可能受到一系列因素的制约，例如，有限的并不断减少的人均可用农业资源、国内需求的不断增加、由于劳动力和投入成本的迅速增加而萎缩的农产品价格优势等。

在寻求建立中日韩 FTA 的过程中，应该对各国的敏感产品给予适当关注。如果与敏感产品相关的事宜得到适当处理，三国将能够享受 FTA 带来的福利。为了应对可能的中日韩 FTA 下更加富有竞争性的环境，各国必须努力进一步提高本国的农业生产力，以实现农业可持续和健康的发展，并激发农业的活力。

中日韩三国之间的渔业部门存在互补关系。举例来说，中国在淡水渔业方面更具竞争力，而日本和韩国在海洋捕捞渔业上更具竞争力。在可能的中日韩 FTA 内，三国之间的渔业产品贸易范围将扩大，从而使三国的消费者受益，并使三国的整体国民福利得到改善。中国可能将增加对日本和韩国劳动密集型初级渔业产品的出口，而日本和韩国将增加对中国高附加值渔业加工品的出口。然而，中日韩 FTA 的积极效果可能会受一些因素影响而减弱，如渔业资源的减少、捕捞及养殖成本增加以及来自其他 FTA 国家越来越激烈的竞争等。

考虑到三国共享特定渔场及渔业资源，并且三国周边渔场部分物种的数量正在下降，日本建议三国应该对采取适当的渔业资源管理措施的效果给予必要关注，以保证渔业的可持续发展。中国建议，由于未来渔业部门的谈判将主要处理市场准入问题，因此应该由三国的渔业管理部门通过现有渠道对渔业资源管理问题进行讨论。

在林业方面，中日韩 FTA 的建立将带来多种潜在收益，三国的消费者将以更低的价格获得更广泛的林业产品，出口企业也将在伙伴国市场获得更好的准入条件。同时，鉴于三国在地理上的邻近以及植物群的相似性，有一种担忧是随着三国林业产品贸易量的增长，可持续的林业管理水平将有所下降，而这一管理体系是维持林业的各种积极作用的基础。在全球的原木贸易中，中日韩三国的进口量约占四分之一，因此三国应考虑采取有效措施促进合法的林业产品贸易，打击非法砍伐。

未来的中日韩 FTA 将促进农业、林业、渔业的可持续发展，并为农业、林业、渔业部门的贸易投资活动提供便利，因此，三国可以共同分享未来的中日韩FTA 的收益。为了加强三国在农业、渔业和林业方面的竞争力和提升三国消费者的福利，三国应通过建立中日韩 FTA，削减对贸易产生不利影响的关税和非关税措施，深化和加强三国间经济联系，建立三方共赢关系。

第三节　区域内贸易对中日韩农产品贸易的重要性

中日韩已经成为亚洲地区乃至世界重要的贸易国。在 2020 年世界贸易排名中，中日韩分别居第一、第五和第七位。中国经济持续增长，韩国经济在摆脱金融危机后重现了健康增长的势头，日本虽尚未摆脱经济不振的状态，但仍然是全球第三大经济体。由于国土、人口、经济发展阶段的差异，中日韩之间的农产品贸易存在着很强的互补性，加强三国在农业方面的合作，对推动三国经济的发展具有重要意义。

2000 年，中日韩三国的区域内农产品贸易占该地区农产品贸易总额的6.6%，到 2020 年，这一份额已经提高到 8.5%，增加了近 2 个百分点。2020 年，中国对该地区的农产品贸易额占对世界农产品贸易总额的 23.9%，同期，韩国和日本的这一数值分别为 27.2% 和 14.8%。表 5-1 为 2000 年和 2020 年中日韩三国对本地区的农产品进出口额占该国农产品进口额的比例，它反映了中日韩三国不同类农产品的进出口贸易依赖区域内贸易的程度。

表 5-1 中日韩农产品区域内进出口贸易占该国进出口总贸易的份额 单位:%

国别	农产品类别	出口		进口	
		2000 年	2020 年	2000 年	2020 年
中国	大宗类	39.2	37.7	8.3	9.9
	畜产品	8.5	49.0	3.8	2.3
	园艺类	25.0	42.9	1.0	1.4
	食品类	16.0	28.0	1.5	6.8
	其他类	31.5	32.4	14	18.8
	农产品总计	28.5	40.0	7.5	9.1
日本	大宗类	25.5	21.2	10.6	7.4
	畜产品	9.3	37.9	2.0	8.2
	园艺类	10.4	15.8	14.5	25.6
	食品类	8.8	18.5	3.1	9.6
	其他类	27.8	24.5	20.1	23.9
	农产品总计	21.6	21.4	9.6	14.1
韩国	大宗类	25.8	34.6	20.8	13.3
	畜产品	65.1	61.7	13.7	19.3
	园艺类	59.3	58.1	10.8	23.0
	食品类	24.4	40.4	10.9	13.4
	其他类	52.2	47.0	29.7	26.8
	农产品总计	55.6	51.9	16.2	18.5

资料来源：UN，COMTRADE。

从表 5-1 中可以看出以下特点：

（1）总体而言，中日韩三国的农产品贸易对区域内农产品贸易的依赖程度较高。其中，中日韩三国区域内的农产品出口贸易额占中日韩三国农产品总出口的比例超过了农产品进口所占的份额，出口贸易对区域内贸易的依赖程度超过了进口贸易。韩的农产品进出口贸易对区域内农产品贸易的依赖超过了中国和日

本，如 2000 年和 2020 年，韩国对世界出口的农产品中，分别有 55.6% 和 51.9%
集中在该地区。

（2）中日韩的粮食、棉花和油籽等大宗农产品的出口依赖于区域内贸易，
近 1/4 的出口额集中在该地区。中国大宗农产品的出口对该区域的依赖程度超过
了日本和韩国，如 2000 年，中国 39.2% 的大宗农产品出口到了日本和韩国，但
是这一比例在不断下降，2020 年下降到 37.7%。而中国从该地区进口的大宗农
产品的份额逐步上升，从 2000 年的 8.3% 上升到 2020 年的 9.9%。与中国相比，
日本对该地区的大宗农产品进出口比例都在降低，而韩国则是出口比例上升，进
口比例下降。

（3）韩国的畜产品出口中 60% 以上出口到了中国和日本，但是畜产品出口
对区域内贸易的依赖程度不断降低。相比较而言，中国和日本对该地区的畜产品
出口占畜产品总出口的比例大幅上升。

（4）中国园艺类农产品对该地区的出口在中国园艺类农产品总出口中的比
例上升较快，从 2000 年的 25.0% 上升到 2020 年的 42.9%。主要因为日本和韩国
从中国进口的水果和蔬菜大量增加，2020 年的进口额比 2000 年增长 296.3%。中
国进口的园艺类农产品中只有 1% 左右来源于该地区。

（5）韩国的食品和其他类农产品的区域内出口额在两类农产品总出口额所
占的比例超过了中国与日本。同时，中日韩三国食品的进出口对区域内贸易的依
赖程度都在不断提高，三国的食品贸易已经逐步集中于区域内贸易。

第四节 中日韩区域内农产品贸易的流向特征

一、中日韩区域内农产品贸易矩阵

贸易矩阵通常用来表示区域内的一国与其他国家贸易额的变化。表 5-2 为中
日韩三国在 2000 年和 2020 年的农产品贸易矩阵，从表中可以清楚看到，中日韩
三国之间的农产品贸易流向及其变化。矩阵表示流量的每一列分别代表中日韩三

国之一向其他两国的农产品出口。从贸易矩阵我们可以全面地了解中日韩三国农产品贸易的一些典型的特征。

表 5-2　中日韩区域内农产品贸易矩阵　　　　单位：十亿美元

国别	2000 年			2020 年		
	中国	日本	韩国	中国	日本	韩国
中国	—	20.08	7.15	—	38.30	9.98
日本	2.80	—	3.17	5.86	—	3.23
韩国	1.12	19.17	—	5.33	19.81	—

资料来源：UN，COMTRADE。

从总体上看，2000~2020 年，世界农产品出口增加了 32.9%，而中日韩三国的出口总额则增长了 34.7%，三国间农产品贸易增长了 54.3%。因此，中日韩三国要比世界其他地区的出口增长速度更快。

2000~2020 年，中国出口日韩的农产品总额从 272 亿美元增长到 483 亿美元，增长了 77.3%。日本、韩国对中国的农产品出口保持了较快的增长速度，其中韩国对中国的农产品出口从 2000 年至 2020 年增长了 380%，同期日本对中国的农产品出口增长了 109%。中国从区域内进口的农产品快速增长很大程度上是因为中国农产品生产已逐渐不能满足国内对农产品增加的需求，因而中国农产品的进口量不断上升。近几年，日本与韩国之间的农产品贸易保持了稳定，2020 年日本从韩国的农产品进口只增加 6.4 亿美元，出口也仅增长 0.6 亿美元。

另外，从贸易矩阵可以看出，中日韩区域内农产品贸易的主要流向是"中国→日本""韩国→日本""中国→韩国"。2000 年，三种流向占区域内农产品贸易额的比例分别为 37.5%、35.8% 和 13.4%；到 2020 年，这一指标值变为 46.4%、24% 和 12.1%。而其余的农产品贸易流向为"日本→中国""日本→韩国""韩国→中国"，三种流向所有的贸易额不到区域内农产品贸易总额的 1/5。

二、中韩之间的农产品贸易

与中国之间的农产品贸易在韩国农产品贸易中占有重要的地位。2020 年，中韩之间的农产品贸易额为 150.3 亿美元，而同期韩国农产品贸易总额为 1863.8 亿美元，占 8.1%。相对中国而言，2020 年中国农产品贸易总额为 2516.1 亿美元，与韩国之间的农产品贸易额只占 5.97%。在中韩农产品贸易中，中国一直保持着顺差地位，顺差额在不断缩小，2020 年已经减少到 49 亿美元，比 2000 年的 60 亿美元下降了 18.5%。其中，中国从韩国进口的大宗农产品和橡胶制品等其他类农产品的快速增长是顺差额减少的主要原因。

2000 年之前，中国对韩国的农产品出口占对韩国贸易总出口的 19% 以上，1995 年后，这一数值急剧下降到 6.8% 左右，2020 年为 7.07%。2020 年，韩国从中国进口商品的数值为 99.8 亿美元，比 2000 年的 71.5 亿美元增长 39.6%。可以说近十年，中国对韩国的农产品出口保持了平稳的状态。韩国对中国的农产品出口量比较小，从 2000 年开始，一直处于对中国贸易总出口额的 1% 以下，但是近几年有不断增长的趋势，2020 年对中国的农产品出口额为 50.5 亿美元，比 2000 年增长了 3.5 倍。从表 5-3 可以看出，中韩之间农产品中，大宗农产品和园艺类产品的贸易占据了绝对份额，2020 年，两类农产品贸易合计额占两国农产品贸易总额的 77%。

表 5-3　中韩之间农产品贸易　　　　　　　　单位：亿美元

农产品类别	中国出口韩国		中国从韩国进口	
	2000 年	2020 年	2000 年	2020 年
大宗类	61.57	61.82	10.66	61.57
畜产品	0.37	1.61	0.25	0.37
园艺类	6.32	19.44	0.01	6.32
食品类	0.64	9	0.1	0.64
其他类	2.58	7.89	0.1	2.58
农产品总计	71.49	99.76	11.13	71.49

资料来源：UN，COMTRADE。

三、中日之间的农产品贸易

中国是日本农产品的主要进口国之一，日本从中国进口的农产品所占日本农产品总进口额的比重近几年一直保持在 10% 以上。2020 年，日本从中国进口农产品 383 亿美元，占日本农产品进口的 12.8%，仅次于美国，排在对日本农产品出口国的第二位。2001~2020 年，中国对日本的农产品出口似乎并没有受到中日农产品贸易摩擦的影响，近几年都保持了较快增长，2020 年更是增长了12.21%。日本对中国的农产品出口呈现飞速增长的势头，2018 年虽然下降了9.86%，但到 2019 年、2020 年分别增长了 24.92%、46.02%。

表 5-4 中，2019 年，中国对日本农产品贸易主要是出口谷物、饲料和油籽等大宗农产品以及水果蔬菜等园艺类产品，从日本进口纺织纤维、生橡胶和饲料等农产品。至 2020 年，中国对日本大宗农产品贸易额下降，而畜产品增长速度较快，2020 年两国畜产品贸易额比 2000 年增长了 6.5 倍，同样，园艺类农产品对日本出口也增加了 2 倍，保持了旺盛的势头，可以看出中国劳动密集型农产品在对日本的农产品出口中表现出了较强的竞争力。而从日本进口的农产品中大宗农产品和橡胶制品等其他类农产品的增长量最大，2020 年比 2000 年分别增长10.1 亿美元和 11.95 亿美元。

表 5-4　中日之间农产品贸易　　　　　　　　　　　　单位：亿美元

农产品类别	中国出口日本		中国从日本进口	
	2000 年	2020 年	2000 年	2020 年
大宗类	98.94	50.78	28.93	39.02
畜产品	12.14	90.54	0.44	3.3
园艺类	62.4	184.19	0.28	0.97
食品类	7.48	27.37	1.08	6.69
其他类	19.88	30.11	6.94	18.89
农产品总计	200.83	382.99	37.66	68.86

资料来源：UN，COMTRADE。

四、日韩之间的农产品贸易

日韩之间的农产品贸易以日本从韩国进口为主，除大宗农产品外，在其余几类农产品贸易上，日本均是进口大于出口。日本主要从韩国进口谷物、蔬菜及水果和其他动植物原料，其中园艺类农产品占从韩国进口农产品总额的1/3左右；出口到韩国的农产品主要有生橡胶、纺织纤维和烟草等，其中2020年三者的出口额占对韩国农产品出口额的63.4%。2020年，韩国与日本的农产品贸易额为103.98亿美元，占韩国农产品贸易总额的13.8%，但只占日本农产品贸易总额的2.62%。从表5-5可以看出，日韩农产品贸易在韩国的农产品贸易中占有更为重要的地位。

表5-5　日韩之间农产品贸易　　　　　　　　　单位：亿美元

农产品类别	日本出口韩国		日本从韩国进口	
	2000 年	2020 年	2000 年	2020 年
大宗类	13.94	10.76	6.88	8.26
畜产品	0.51	0.24	2.26	0.80
园艺类	3.22	5.77	22.70	28.78
食品类	2.67	5.48	3.77	17.53
其他类	11.33	10.03	23.68	16.31
农产品总计	31.66	32.30	59.30	71.68

资料来源：UN，COMTRADE。

第五节　中日韩区域内农产品贸易密集度

研究双边贸易流动的一个重要方面是分析存在于两国之间的各种贸易阻力（Trade Resistance）。这种贸易阻力包括运输成本、关税保护以及语言和文化差异等。贸易阻力是造成国与国之间商品价格不同的重要因素之一。这种双边贸易关系中的商品价格的差异对于两国之间的贸易量和商品构成的决定以及对于来自贸易好处的评价都有重要的影响。了解双边贸易阻力的性质以及它们在决定贸易形式上的重要性的一种重要方法是有关贸易密集度的分析。

贸易密集度指数衡量由不同的贸易流动的因素所决定的双边贸易水平的差别，这一指数 I_{ij} 被表示为：

$$I_{ij} = \frac{X_{ij}}{X_i} \bigg/ \frac{M_j}{M_w - M_i} \tag{5-1}$$

式（5-1）中的 X_{ij} 表示国家 i 对国家 j 的出口；X_i 为国家 i 的总出口；M_j 为国家 j 的总进口，M_i 为国家 i 的总进口；M_w 为世界总进口。式（5-1）中的 $M_w - M_i$ 是考虑到这样一个事实，即一个国家不能向自己出口商品。

贸易密集度指数大于 1 表明该国向另一国的出口大于依据该国在世界贸易中的份额所预期的出口；如果该指数小于 1，则表明该国向另一国的出口小于依据该国在世界贸易中的份额所预期的出口。

由表 5-6 可以看出，中日韩三国相互之间的农产品贸易密度值均大于 1，表明中日韩三国存在密切的农产品贸易关系。

表 5-6　中日韩之间农产品贸易密度

国别	2000 年			2020 年		
	中国	日本	韩国	中国	日本	韩国
中国	—	2.27	2.44	—	3.71	2.48
日本	4.66	—	2.00	3.46	—	2.24
韩国	1.50	5.62	—	1.67	1.33	—

资料来源：UN，COMTRADE。

2000 年，"韩国→日本""日本→中国"的贸易密度值最高；到 2020 年，"中国→日本""日本→中国"的贸易密度值最高。中日之间形成日益紧密的农产品贸易关系。

中韩之间的贸易关系保持了相对稳定。"中国→韩国"的贸易密度值由 2000 年的 2.44 小幅上升到 2020 年的 2.48，"韩国→中国"的贸易密度值则从 2000 年的 1.50 上升到 2020 年的 1.67，这一数值维持在区域内出口贸易中的较低水平。

韩国正逐步失去日本农产品市场，反映"韩国→日本"的贸易密度值较大幅度的下滑，从 2000 年的 5.62 下降到 2020 年的 1.33。而"日本→韩国"出口贸易正随着日本大宗农产品的大量出口而迅速提高。

通过以上分析，我们可以总结出中日韩区域内农产品贸易存在以下特征：

（1）中日韩三国之间存在紧密的农产品贸易关系，区域内任何一国向其他两国的农产品出口均大于依据该国在世界贸易中的份额所预期的出口。其中，贸易关系较为显著的是中国对日本的农产品出口、韩国对日本的农产品出口和中国对韩国的农产品出口。

（2）中日韩三国的农产品贸易对区域内贸易的依赖程度较高。三国的农产品出口更是集中于该地区，超过了进口贸易的集中度。

（3）区域内农产品贸易的主要流向有三条，第一条是中国对日本出口，第二条是韩国对日本出口，第三条是中国对韩国出口。三条流向占区域内贸易的绝对份额，如 2020 年三条流向的贸易额为 681 亿美元，占区域内总贸易额的 82.5%。

（4）中国对日本和韩国的农产品贸易均为较高数额的顺差，同时韩国对日本的农产品贸易也一直保持顺差。中国主要出口日本和韩国谷物、饲料等大宗农产品、水果蔬菜等园艺类农产品，从日本和韩国进口纺织纤维等大宗农产品和橡胶制品等其他类农产品，另外，对日本出口的畜产品在中日农产品贸易中也占有较大的份额。日韩之间的农产品贸易以日本从韩国进口园艺类农产品、食品和其他类农产品，对韩国出口大宗农产品和其他类农产品为主要特征。

（5）不同类农产品在区域内农产品贸易中发挥的作用不同，大宗农产品、畜产品和园艺类农产品等传统农产品仍然是区域内农产品贸易的主要类别，但是食品和其他类农产品等加工程度深、附加值较高的农产品正逐步成为区域内农产品贸易的主要方向。

第六章　中日韩农产品贸易增长的因素分析

本章将利用贸易流量模型和恒定市场模型（CMS），分别对中国、日本、韩国的区域内农产品贸易增长进行因素分解分析，计量贸易结构变动、竞争力变化等因素对区域内农产品贸易增长的贡献率。

第一节　农产品贸易增长的因素分解模型

本章在对农产品出口增长进行因素分解时，分别采用了贸易流量模型和恒定市场模型（CMS）。

根据贸易流量模型，农产品贸易流量的变动可以分为三个来源：需求效应、竞争效应、区位效应。第一个来源与需求的扩大有关，故称为需求效应，如果一个成员的出口集中于需求增长比较快的国家或地区，那么其需求效应就比较明显。第二个来源与一国或地区在世界市场上的竞争力有关，故称为竞争效应，这一效应代表了来自供给方面的影响。以上两个因素是决定贸易矩阵中的贸易流量的最重要因素。第三个来源衡量的是出口国与进口国之间的地理位置、社会文化经济结构以及贸易有关的政策安排等因素对双边贸易的影响，为简单起见，称为区位效应。

贸易流量模型的基本形式如下：

假设某个区域包括 n 个国家，M_{ij} 表示由第 i 个国家到第 j 个国家的出口，那

么第 i 个国家对该区域的总出口为 $X_{ij} = \sum\limits_{i}^{M_{ij}}$ ；第 j 个国家的总进口为 $M_j = \sum\limits_{i} M_{ij}$ ，该区域内的总贸易额为 $W = \sum\limits_{j} M_j = \sum\limits_{i} X_i = \sum\limits_{ij} M_{ij}$ 。

由以上假设，可以把第 i 个国家对区域内的出口增长率分解为三部分，如下所示：

$$\Delta X_i / X_i^0 = \sum_j (\beta_j - 1) M_{ij}^0 / X_i^0 + \sum_j (\alpha_i - 1) \beta_j M_{ij}^0 / X_i^0 + \sum_j (r_{ij} - 1) \alpha_i \beta_j M_{ij}^0 / X_i^0$$

其中，$\beta_j = M_j^1 / M_j^0$ 表示的是第 j 国家进口的变化情况，它反映了国内需求对进口的影响。

$\alpha_i = \left(\dfrac{X_i^1}{W^1}\right)\left(\dfrac{X_i^0}{W^0}\right)$ 表示第 i 国在区域内的出口份额的变化，它衡量的是第 i 国的相对竞争力的变化所导致的本地区出口份额的变化。

$r_{ij} = M_{ij}^1 / (\alpha_i M_{ij}^0 \beta_j)$ 反映的是在只考虑需求和竞争力因素对出口影响的情况下，第 i 国到第 j 国的出口与实际出口之间的差别，这一指标主要用于衡量区位效应。

以上表达式中的上标 0 与 1 分别表示基期和现期。上式中的三个分解部分分别代表需求效应、竞争效应和区位效应。

而恒定市场模型（CMS）是由 Tyszynski 于 1951 年在分析比利时的出口市场时提出的，贸易增长经过分解后，存在如下的恒等式：

$$\Delta Q = \sum_{i=1}^{n} S_i^0 \Delta Q_i + \sum_{i=1}^{n} \Delta S_i Q_i^0 + \sum_{i=0}^{n} \Delta S_i \Delta Q_i$$

其中：S 是一国在目标市场中的份额；

S_i 是一国产品 i 对目标市场的出口占该国全部 i 产品出口中的份额；

Q 是一国的全部出口额；

Q_i 是一国对产品 i 的出口额；

Δ 代表在两个时期之间的变化量；

标注 0 代表基期，1 代表末期。

该恒等式就是 CMS 模型分析的基本公式。根据 CMS 模型，一国实际出口增长可以被分解为竞争力效应、出口结构效应以及竞争与结构交叉效应三种影响。

两种模型的主要区别在于贸易流量模型是对贸易增长率的分解，而恒定市场模型是对贸易增长额的分解，运用贸易流量模型可以较直观地看出各影响因素在贸易增长中的作用，而恒定市场模型则可以在进一步分解后，计算出不同类农产品对各个主要影响因素的影响力，两者互为补充。从两模型对比中可以发现，贸易流量模型中的竞争效应所说明的问题与恒定市场模型中竞争力效应所说明的问题一致，两者都解释了由于相对竞争力的变化而导致出口份额的变化。

第二节　贸易流量模型的计量结果

贸易流量模型的计量结果如表 6-1 所示，表中分别列出了三种效应对中日韩区域内贸易增长的贡献。

表 6-1　中日韩区域内农产品贸易增长因素分解　　　　　　单位：%

	总增长率	需求效应	竞争效应	区位效应
中国	77.3	42.7	21.3	13.3
日本	52.4	102.1	-13.3	-36.4
韩国	23.9	55.6	-30.6	-1.1

资料来源：UN，COMTRADE。

在中国农产品区域内贸易 77.3% 的增长率中，42.7% 是由需求效应导致的，21.3% 是由竞争效应的变化引起的，剩余的区位效应只有 13.3%。需求效应的影响远远超过竞争效应的影响，它对中国农产品出口的贡献率达到了 55.3%（42.7%/77.3%×100%），也就是说中国对日韩农产品贸易增长中每增加 1 个百分点，其中有 0.55 个百分点是由需求扩张引起的。

需求效应对日本农产品贸易增长的拉动超过了中国和韩国。其中日本作为区域内最大的农产品贸易市场，其需求效应所引起的区域内贸易的增长率达到了 102.1%，作用最为显著，而中国和韩国分别为 42.7% 和 55.6%。中日韩三国是亚洲地区最主要的农产品贸易市场，尤其是中国，凭借其高速的经济增长和众多的人口，将成为一个潜力巨大的市场，对东北亚区域内贸易的发展将会起到越来越重要的推动作用。

对于中日韩三国而言，影响其区域内贸易的因素表现也不尽相同，特别是供给因素的影响差异甚大。除了中国以外，影响日本和韩国农产品贸易增长的竞争力因素都是负值。由于韩国和日本农产品在国际市场上相对竞争力的下降，抵消了部分需求效应的积极作用，因此日本和韩国的农产品贸易发展相对较慢，增长速度低于区域内平均水平。中国农产品出口竞争力相对提升，再加上该地区需求的扩大，从而保证了东北亚地区比较高的出口增长势头。

我们可以分析一下影响中国对日韩两国农产品出口增长的一些主要因素。在需求效应方面，来自日本的影响为35.4%，来自韩国的影响为7.3%。应该指出的是日本作为世界上最大的农产品进口国，对中国农产品在国际市场上的销售发挥了巨大的作用。同样，在竞争效应方面，中国在日本和韩国市场上的相对竞争力上升较快，来自日本的影响为16.3%，来自韩国的影响为5.0%，对中国出口增长的贡献都较为显著。中国对日韩两国的农产品出口中，大宗农产品和园艺类农产品占据了绝大部分，同时园艺类农产品的出口增长速度也最高，因此，中国在对日韩出口农产品竞争力的上升方面主要得益于园艺类农产品出口竞争力的快速提高，其背景是中国园艺类农产品如水果、蔬菜、烟草、茶等属于劳动密集型农产品，生产成本相对较低，出口的农产品在日本和韩国的农产品市场上具有较强的竞争力。

第三节　恒定市场份额模型的计量结果

一国出口增长可以由下列几个原因引起：①出口的一般增长；②该国与其他出口供给国进行有效竞争的实力；③动态结构变化包括市场结构和地区结构变化的影响。恒定市场模型分析是两种分别处理上述几种因素的方法。

一、中国的农产品出口增长

中国对日本和韩国农产品出口的结构效应均为正值，其中中国对日本农产品出口增长中结构效应的贡献率为 34.6%，而对韩国农产品出口中结构效应的贡献率仅为 4.7%。中国对两国的农产品出口中存在的产品和市场结构的优势推动了出口的迅速增长。竞争力效应反映了随着中国对日韩农产品出口中农产品竞争力的提高，出口不断增长的状况。从表 6-2 可以看出，竞争力效应在中国对日韩的农产品出口占有绝对的地位，竞争力效应对中国出口日本农产品的增长中的贡献率为 37.1%，对韩国的此项指标则达到 100.7%。交叉效应反映了出口增长中动态结构变化对农产品出口增长的影响。交叉效应对中国对日本农产品出口中的贡献为正值，而且达到了较高的 28.3%，说明中国对日本农产品动态结构的变化对农产品贸易出口的增长是有推动作用的。与中国对日本农产品出口相比，中国对韩国农产品贸易的交叉效应为表现为负值，由此可以推断在中韩农产品贸易中，中国某些农产品对韩国出口份额的下降与中国对世界出口份额的增长两者作用的结合对中韩农产品贸易的影响仍然表现为负向。

表 6-2　中国 CMS 模型出口增长因素测算结果

增长因素分析		中日		中韩	
		绝对额（千万美元）	比重（%）	绝对额（千万美元）	比重（%）
出口实际增长		1821.6	100	282.8	100
结构效应	大宗类	−297.2	−16.3	−79.2	−28.0
	畜产品	62.8	3.4	0.0	0.01
	园艺类	536.7	29.5	43.9	15.5
	食品类	209.7	11.5	12.1	4.3
	其他类	119.1	6.5	36.7	13.0
	农产品总计	631.1	34.6	13.4	4.7
竞争力效应	大宗类	−173.4	−9.5	184.6	65.3
	畜产品	486.8	26.7	7.3	2.6
	园艺类	380.6	20.9	48.9	17.3
	食品类	−8.0	−0.4	22.6	8.0
	其他类	−10.0	−0.5	21.5	7.6
	农产品总计	676.0	37.1	284.9	100.7

续表

增长因素分析		中日		中韩	
		绝对额（千万美元）	比重（%）	绝对额（千万美元）	比重（%）
交叉效应	大宗类	-10.9	-0.6	-102.9	-36.4
	畜产品	234.4	12.9	5.1	1.8
	园艺类	300.7	16.5	38.4	13.6
	食品类	-2.8	-0.2	48.9	17.3
	其他类	-6.8	-0.4	-5.1	-1.8
	农产品总计	514.5	28.3	-15.5	-5.5

资料来源：UN，COMTRADE。

（1）结构效应。中国对日本和对韩国的农产品出口，畜产品、园艺类产品、食品类产品以及其他类农产品的结构效应都表现为正值，而只有大宗农产品项表现为负值。谷物、纺织纤维等农产品对世界出口额的下降直接影响了中国对日本和韩国大宗农产品的出口，这种影响在中国对日韩的农产品出口增长中也表现突出。畜产品类结构效应的作用对中国对日韩的农产品出口贸易影响并不大，基本保持了稳定。园艺类农产品的结构效应在中日、中韩农产品出口中都表现了较高的数值，对结构效应总体的贡献率分别为85%和328%。可以看出园艺类农产品的结构效应在中国对韩国农产品出口中的影响超过了在中国对日本农产品出口中的影响。中国对日本食品类农产品出口也因为中国对世界出口量的增加而表现强劲，相比较而言，中国对韩国的食品类农产品出口并未表现出较强的特征。

（2）竞争力效应。中国对日本的大宗农产品在对世界出口中份额的下降而影响到了中国对日本大宗农产品竞争力效应的降低。中国对韩国的大宗农产品出口在中国对世界总体大宗农产品出口中份额的上升提高了该种产品的竞争力效应，总体来看，大宗农产品竞争力效应对中韩农产品出口的贡献率达到了65%左右。由于对日本肉类、活动物、乳制品出口的迅速增加，畜产品在日本市场越来越具有竞争力，所以畜产品在中日农产品出口中表现出了较强的竞争力效应。中国对韩国的畜产品出口占中国向世界出口农产品的份额并没有出现太大的变化，也就是说中国对韩国的畜产品出口并没有表现出较强的竞争力，因而畜产品的竞争力效应在中国对韩国农产品出口中的作用不大。与结构效应一样，园艺类农产品在竞争力效应中的作用依然突出，尤其是在中国对日本的农产品出口中，园艺类农产品所提供的贡献率为 56.3%，占据了竞争力效应的提高对中国对日本出口农产品增长贡献率的近一半。竞争力效应在中国对韩国的农产品中整体表现突出，因而园艺类农产品对韩国出口竞争力的提高在竞争力效应对中韩农产品贸易中的作用并没有大宗农产品强。

（3）交叉效应。结构效应与竞争力效应的共同作用表现为交叉效应。畜产品和园艺类产品的交叉效应在中国对日本农产品出口中均为正值。而大宗农产品、食品类农产品和其他类农产品的交叉效应虽为负值，但在中国对日本农产品出口中的影响并不明显。与日本相反，畜产品、园艺类产品和食品类产品的交叉效应在中国对韩国的农产品贸易中均为正值，食品类农产品在中国对韩国的农产品出口增长中的贡献率较高，这一现象与总体农产品的交叉效应在中国对韩国的农产品贸易中为-5.5%反差明显。

二、日本的农产品出口增长

2000~2020 年，日本对中国的农产品出口增长额为 31 亿美元，日本对中国的农产品出口增长大约为对韩国农产品出口增长额的 48 倍。结构效应在日本对中国农产品出口中的贡献率为 23.7%，但是远远不及在日本对韩国农产品出口中的贡献率为 1348.1%，如表 6-3 所示，这一现象说明农产品出口结构在日本对韩国农产品出口起到了决定性的作用。

表 6-3　日本 CMS 模型出口增长因素测算结果

增长因素分析		日中		日韩	
		绝对额（千万美元）	比重（%）	绝对额（千万美元）	比重（%）
出口实际增长		306.2	100	6.4	100
结构效应	大宗类	28.1	9.2	2.2	34.9
	畜产品	0.02	0.008	-0.4	-7.0
	园艺类	0.01	0.002	18.3	284.7
	食品类	4.0	1.3	15.7	244.9
	其他类	40.3	13.2	50.7	790.6
	农产品总计	72.4	23.7	86.5	1348.1

续表

增长因素分析		日中		日韩	
		绝对额（千万美元）	比重（%）	绝对额（千万美元）	比重（%）
竞争力效应	大宗类	144.3	47.1	−25.6	−399.4
	畜产品	32.8	10.7	−2.9	−44.9
	园艺类	3.2	1.1	9.5	148.5
	食品类	26.7	8.7	13.5	210.7
	其他类	14.8	4.8	−38.0	−592.7
	农产品总计	221.9	72.5	−435	−677.8
交叉效应	大宗类	−7.0	−2.3	−8.4	−130.3
	畜产品	−3.8	−1.2	0.7	10.6
	园艺类	−0.8	−0.2	−2.2	−34.4
	食品类	20.3	6.6	−1.0	−16.3
	其他类	3.0	1.0	−25.7	−399.8
	农产品总计	11.8	3.8	−36.6	−570.3

资料来源：UN，COMTRADE。

农产品竞争力效应在日本对中国的农产品出口中表现强势，高于结构效应和交叉效应对两国农产品出口贸易的影响。日本农产品的出口竞争力在中国市场上不断提高，对日中农产品贸易产生了积极的影响，促进了日本对中国的农产品出口。相反，竞争力效应在日中农产品贸易中表现出弱势，主要原因是日本农产品在韩国市场的竞争力越来越不及中国和东南亚等国家和地区，限制了日本农产品进入韩国市场。

动态农产品出口结构的变化即交叉效应对日中农产品贸易增长的拉动作用不大，只有3.8%的贡献率，相比较而言，这一作用在日本对韩国农产品贸易出口中表现为负作用。日本对韩国农产品出口的变化和竞争力变化的交叉作用的结果是出口负增长。

（1）结构效应。日本对中国的农产品出口中表现强劲，主要得益于大宗农产品和其他类农产品对中国出口的增加。这种作用部分是由于日本对世界农产品出口的上升相应提高了日本对中国的农产品出口额。日本对韩国的农产品出口的结构效应在对韩国出口的影响较强，园艺类农产品、食品类农产品和其他类农产品的结构效应分别为 284.7%、244.9%、790.6%。日本对韩国农产品出口的市场分布和产品分布推动了日本对韩国农产品出口的增长。

（2）竞争力效应。由于总体对中国农产品出口的竞争力效应表现为较高的正值，一定程度上影响了不同类农产品的竞争力效应。大宗农产品特别是纺织纤维、畜产品和食品都是由于对中国农产品出口份额的提高而受益。日本出口到中国的主要是纺织纤维制品，这些产品属于劳动密集型农产品，又属于高附加值的农产品，日本农业人多地少、农村加工业发达的特点，符合国际贸易中比较优势的一般规律。在日本对韩国的农产品出口中，只有园艺类产品和食品类产品的竞争力效应表现为正值，而大宗农产品、畜产品和其他类农产品都表现为较强的负值。20 世纪六七十年代，日本是韩国园艺类农产品的主要出口对象国，随着韩国农业在国民经济中的地位降低和日本农业现代化水平的提高，日本的园艺类产品如茶、烟草等高附加值的农产品在韩国农产品市场表现出越来越强的竞争力，部分抵消了日本从韩国进口水果和蔬菜品对日韩农产品贸易造成的逆差。日本对韩国的大宗农产品出口并不具有任何竞争力，部分原因是韩国国内实行了严格的粮食类农产品进口限制政策，事实上每年日本出口到韩国的大宗农产品占对韩国农产品总出口的 30%。

（3）交叉效应。在日本对中国的农产品出口中交叉效应的作用并不明显，只有 3.8%，而且除了食品类等农产品的交叉效应为正值外，其他均为负值，对两国农产品贸易的总体影响不大。日本对韩国的农产品出口中只有畜产品的交叉效应为正值，说明日本对韩国的畜产品出口并没有因为其在对韩国农产品出口中所占份额的减少而受到影响，日本对世界畜产品出口的增加起到了关键作用。

三、韩国的农产品出口增长

韩国对中国的农产品贸易出口增长中，结构效应的贡献率为 25.8%，远低于韩国对日本的农产品贸易出口增长中的 355.5%。这说明韩国农产品出口结构在对日本的农产品出口中发挥了决定性的作用。如表 6-4 所示，竞争力效应在韩国对中国的农产品贸易增长中的贡献率为 45.9%，高于结构效应和交叉效应的贡献率，由此可以看出韩国农产品的竞争力提高在对中国的农产品出口中扮演着最重要的角色。韩国对日本出口的农产品竞争力的下降促使竞争力效应在农产品出口中表现为负值。中国、印度、东南亚国家和地区农产品的竞争，使韩国的农产品在日本农产品市场逐渐失去了竞争力，损失了部分市场份额。

表6-4 韩国CMS模型出口增长因素测算结果

增长因素分析		韩中		韩日	
		绝对额（千万美元）	比重（%）	绝对额（千万美元）	比重（%）
出口实际增长		421.7	100	63.7	100
结构效应	大宗类	104.9	24.9	20.8	32.7
	畜产品	0.4	0.1	52.3	82.1
	园艺类	0.1	0.03	62.1	97.5
	食品类	1.0	0.2	77.1	121.1
	其他类	2.1	0.5	14.1	22.2
	农产品总计	108.6	25.8	226.5	355.5
竞争力效应	大宗类	41.7	9.9	9.2	14.4
	畜产品	98.7	23.4	-169.6	-266.2
	园艺类	2.7	0.6	15.0	23.6
	食品类	5.7	1.3	12.0	18.9
	其他类	44.7	10.6	-27.8	-43.6
	农产品总计	193.4	45.9	-161.2	-253.0
交叉效应	大宗类	30.0	7.1	-0.5	-0.8
	畜产品	3.1	0.7	-11.6	-18.2
	园艺类	2.6	0.6	-1.4	-2.2
	食品类	14.8	3.5	37.5	58.9
	其他类	69.2	16.4	-25.7	-40.4
	农产品总计	119.7	28.3	-1.6	-2.5

资料来源：UN，COMTRADE。

（1）结构效应。大宗农产品在韩国对中国的农产品出口中所表现出的结构效应较为明显，而畜产品、园艺类产品、食品类和其他类农产品的结构效应较小。韩国对中国的农产品出口并没有受韩国农产品出口的产品和市场结构变化的影响。韩国对日本的农产品出口中，园艺类农产品和食品类农产品所表现的结构效应最强，说明韩国对世界此类农产品贸易的增长很大程度上带动了对日本农产品出口的增长。

（2）竞争力效应。大宗农产品和畜产品的竞争力效应在韩国对中国的农产品出口增长中起到了重要的作用，特别是畜产品的竞争力效应更是达到了23.4%。对中国畜产品的出口占韩国对中国农产品总出口份额的提高推动了对中国农产品出口的贸易增长。韩国出口的畜产品在中国市场的竞争力也在不断提高。相反，韩国对日本畜产品出口的竞争力效应却是逆作用，由于韩国的畜产品在日本市场竞争力的下降，韩国的畜产品对日本出口也遇到了阻力。而大宗农产品、园艺类产品和食品类产品的竞争力效应均为正值，对韩国对日本的农产品起到了不同程度的拉动作用。

（3）交叉效应。在对中国农产品出口中，不同类农产品所表现出来的交叉效应均为正值。其中，大宗农产品、食品类产品和其他类农产品的交叉效应较为突出。韩国对中国农产品出口市场和产品分布的变化以及竞争力的相互作用在畜产品和园艺类产品方面表现并不明显。韩国对日本的农产品出口中除食品类产品的交叉效应表现为正值外，其他均为负值，说明韩国对日本的食品出口在出口份额变化和总出口的变化双重作用的情况下依然在韩国对日本的农产品出口中起到了巨大的推动作用。

四、主要结论

（一）推动增长的主要因素

中日韩三国间的农产品贸易均实现了增长。中国对日本和韩国的农产品出口增长中，竞争力效应是推动出口增长的主导因素。而且园艺类农产品的竞争力效应表现最为突出。也就是说，中国园艺类农产品在日本和韩国市场竞争力的提高成为中国对两国农产品出口增长的主要动力。另外，中国对韩国农产品出口增长中，大宗农产品出口竞争力的提高成为最关键的因素。韩国的谷物、油籽等大宗农产品市场上由于国内的生产远不能达到市场的需求而不得不从国外进口大量的此类农产品，中国优质、价低的大宗农产品在韩国市场上极具市场竞争力，因而对韩国的农产品出口增长中，大宗农产品的出口起到了关键的作用。

园艺类和食品类产品的结构效应和竞争力效应在日本对韩国的农产品出口中的推动作用较强。日本在对韩国的出口中保持了较好的出口结构，并且农产品的竞争力也在不断提高。相对而言，在日本对中国的农产品出口贸易中，除大宗农产品、食品和其他类农产品的竞争力效应影响较强，并没有出现其他决定性的因素。

大宗农产品的结构效应和畜产品的竞争力效应在韩国对中国的农产品贸易增长中推动作用明显。在韩国对日本的农产品出口中，不同类农产品的结构效应都对贸易的出口增长产生较大的推动力。大宗农产品、园艺类产品和食品类产品的竞争力效应在推动韩国对日本的农产品出口中表现得相当显著。

（二）限制出口增长的因素

虽然中日韩三国之间的农产品贸易没有出现负增长，但是并不是每一类农产品贸易都出现了增长。在中国对日本的农产品出口中，大宗农产品的结构效应和竞争力效应都表现为负值，说明中国对日本的大宗农产品出口受到了阻力，部分原因是出口结构的变化影响，另外还有中国对日本出口农产品竞争力的下降。在中国对韩国的农产品出口中，大宗农产品的结构效应和交叉效应也为负值，然而大宗农产品的竞争力效应却为较强的正值，总体来看是出口结构的影响较大，由于中国出口的大宗农产品在韩国市场的集中度较高，如果对世界总体大宗农产品出口额下降，将对中国对韩国的大宗农产品出口产生强烈的影响。

在日本对中国出口的农产品贸易中，只有大宗农产品、园艺类产品和畜产品的交叉效应表现为较弱的负值，这一现象表明日本对中国的农产品出口增长整体表现较好，并没有因为某一项因素而对农产品出口产生决定性的影响。在日本对韩国的农产品出口贸易中，大宗农产品的竞争力效应、交叉效应和其他类农产品的竞争力效应均表现为较强的负值，日本的大宗农产品出口在韩国市场上并不具备竞争力导致农产品出口增长放缓。

在韩国对中国的农产品出口贸易中，并没有出现效应作用为负值的情形。畜产品和其他类农产品的竞争力效应和交叉效应在韩国对日本的农产品出口中都表现为负值，由此可以推断以前在中国市场具有较强竞争力的韩国畜产品出口正因为竞争力的下降逐渐失去中国市场。

（三）竞争力效应的比较

中国对日本和韩国的农产品出口的竞争力效应都表现为较强的正值。日本对中国、韩国对中国的农产品出口的竞争力效应也为显著的正值，相比较而言，日本对韩国和韩国对日本的农产品出口的竞争力效应则表现为较强的负值，并且竞争力的缺失导致日本对韩国和韩国对日本的交叉效应为负值。例如，日本对韩国的竞争力效应和交叉效应分别为-677.8%、-570.3%；韩国对日本的竞争力效应和交叉效应则分别为-253.0%、-2.5%。

中国在农产品竞争力方面的表现较好，同样，日本和韩国的农产品在中国市场上也都具有较强的竞争力，与此相比，日本与韩国之间的农产品贸易中，农产品竞争力效应都对两国农产品相互间的出口起到相反的作用。

第七章　中日韩农产品贸易竞争力与比较优势的变化

一国农产品的出口竞争力对农产品贸易起到推动作用。通过计算贸易比较优势，可以衡量不同类型农产品的出口竞争力。本章采用显性比较优势指数方法，对中日韩三国农产品比较优势长期的变化趋势进行了定量分析，旨在研究中日韩农产品出口竞争力对农产品贸易形成的影响，为三国农产品贸易增长提供理论解释。

第一节　中日韩农产品贸易优势的比较

建立在比较优势基础上的分工影响到双边贸易的规模。当一国大量进口另一国出口的农产品时，两国间的农产品贸易额随之提高。由于中日韩处于不同的经济发展阶段，三国间存在着生产梯级分工的问题。过去 10 年间，中国在消除与日韩的差距方面取得了巨大的进步，正好可以反映其比较优势的变化。经过加工的水果和蔬菜制品以及食品类农产品已经成为中国出口的主要农产品。值得一提的是，这段时间内中日韩三国的农产品出口结构更加趋同，虽然差别依然较大，这种出口结构的变化反映了三国各自比较优势的变化。

显性比较优势指数（RCA）是应用在国际贸易研究中较为普遍的一种方法，该方法是巴拉萨（Balassa，1965）测算部分国家贸易比较优势时采用的一种方法，后被世界银行等国际组织普遍采用。简单地说，显性比较优势指数（RCA）是指一个国家某种商品占其出口总值的份额与世界该类商品占世界出口份额的比率。用公式表示就是：

$$RCA_{ij} = \frac{X_{ij}/X_{it}}{X_{wj}/X_{wt}} \qquad\qquad (7-1)$$

式（7-1）中：RCA_{ij} 表示 i 国第 j 种商品的显性比较优势指数。

X_{ij} 表示 i 国第 j 种商品的出口值。

X_{it} 表示 i 国所有商品的出口值。

X_{wj} 表示世界第 j 种商品的出口总值。

X_{wt} 表示世界所有商品的出口总值。

如果 $RCA_{ij}>1$，说明该国 j 种商品具有显性比较优势；如果 $RCA_{ij}<1$，则说明该国在 j 种商品生产上没有显性比较优势。若 $RCA_{ij}>2.5$，则具有很强的竞争优势；若 $1.25<RCA_{ij}<2.5$，则具有较强的竞争优势；若 $0.8<RCA_{ij}<1.25$，该行业具有较为平均的竞争优势；若 $RCA_{ij}<0.8$，则不具有竞争优势。中日韩三国主要农产品显性比较优势指数如表 7-1 所示。

表 7-1　中日韩三国主要农产品显性比较优势指数

品种		2000 年			2020 年		
		中国	日本	韩国	中国	日本	韩国
大宗类	04 谷物及制品类	0.92	0.62	0.00006	0.81	2.15	0.01
	06 糖及制品类	0.65	0.52	1.11	0.54	0.31	0.92
	08 饲料类	1.81	1.05	0.15	0.55	0.36	0.15
	22 油籽及含油果实	2.56	0.09	0.004	1.08	0.01	0.0008
	23 纺织纤维类	2.01	5.41	1.88	1.41	5.29	3.99
畜产品	00 活动物类	1.86	0.01	23.73	1.43	0.19	23.59
	01 肉类及其制品	0.86	0.06	0.0005	1.11	0.03	0.0008
	02 乳品及其制品类	0.09	0.01	0.18	0.09	0.02	0.16
	21 生皮及生皮毛类	0.54	1.54	0.17	0.06	0.81	0.11
园艺类	05 水果、蔬菜类	1.29	0.31	0.48	1.93	0.11	0.42
	07 茶、调味料类	0.93	0.26	0.13	0.90	0.30	0.24
	12 烟草及其制品类	0.57	0.86	0.35	0.67	1.19	0.56
食品类	09 杂项食品类	0.49	2.72	0.79	1.27	2.08	1.16
	11 饮料类	0.33	0.41	0.17	0.49	0.38	0.43
	41 动物油脂类	0.03	3.73	0.03	0.14	1.45	0.25
	42 植物油脂类	0.48	0.22	0.01	0.24	0.17	0.03
	43 加工动植物油脂	0.09	1.14	0.03	0.11	1.11	0.29

续表

品种		2000 年			2020 年		
		中国	日本	韩国	中国	日本	韩国
其他类	23 生橡胶	0.06	7.85	0.87	0.26	8.77	3.31
	29 其他动植物原料	1.67	1.28	1.96	2.23	0.84	1.24

资料来源：UN，COMTRADE。

（1）大宗农产品。整体而言，日本的大宗农产品出口在中日韩三国中最具比较优势，最差的是韩国。大宗农产品属于土地密集型农产品，中日韩三国的国情均是人多地少，日本的农业生产技术发达，农业生产规模化和机械化经营模式已经十分成熟，因而在谷物和纺织纤维类农产品生产上开始表现为强劲的竞争力。中国和韩国都是谷物等农产品的主要进口国，近几年，谷物产量的下降影响了出口，另外劳动力成本的增加和土地面积的不断缩小使两国谷物类农产品在国际贸易中处于劣势。纺织纤维类农产品主要包括棉花、粗麻等，这类农产品又兼有劳动密集型农产品的一些特征，生产量的提高与劳动力的投入量存在较强的相关性，中日韩三国的农业劳动力充足，在农业生产史上更是具备精耕细作的传统，因而三国的纺织纤维类农产品贸易在国际贸易中表现出了较强的竞争实力，RCA 指数均大于 1，日本更是超过了 5。

（2）畜产品。中日韩三国畜产品出口贸易优势比较中，韩国的畜产品出口更具竞争实力，RCA 指数超过 2，比日本和中国具有明显的优势。韩国国内畜产品消费是食品消费的主流，家禽饲养业在韩国受到政府的保护和扶持，发展迅速。畜牧业的发展也带动了饲料的大量进口，中国自 1984 年开展对韩国贸易以来，出口的农产品越来越多，其中最主要的是谷物饲料。

（3）园艺类农产品。水果、蔬菜等农产品属于劳动密集型农产品，中国在园艺类农产品的生产中更具竞争力，发展空间广阔。而中国园艺类农产品的出口对象又主要为日韩两国，2000~2020 年，中国对日本出口的蔬菜增加了 3.11 倍，逐渐取代美国成为日本最大的蔬菜出口国。同样，在此期间，中国对韩国的园艺类农产品出口也增长了 2.08 倍。

（4）食品类农产品。中日韩三国的食品出口在国际市场都不具备比较优势，三国相比，日本要优于中韩两国。日本出口的农产品中食品所占的比例大约为14%，高于中国的5%和韩国的4%。日本的食品加工业发达，产品质量高于中韩两国，因而更具竞争力。同时，也应该看到日本也是世界上食品的主要进口国，每年从美国、加拿大进口大量的食品，因而在国际市场上的出口竞争力仍不如欧美等其他发达国家。

（5）其他类农产品。中日韩三国的其他类农产品出口逐步显现竞争力，通过农业生产结构的不断调整，三国农产品出口呈现多样化的趋势。根据各自国情，生产符合国内资源禀赋条件的农产品，使农产品出口竞争力不断提高。

对中国而言，猪、牛、羊等活动物的饲养和谷物等粮食作物的种植可以看作资本密集型农产品和土地密集型农产品的生产，中国的先前优势正在逐渐丧失，甚至不如日本和韩国。加入世界贸易组织之后，我国的土地密集型和资本密集型农产品生产遭受巨大冲击，在国际市场上的竞争力较弱。我国的劳动力资源丰富，在劳动密集型农产品的生产上具有比较优势，如蔬菜、水果、茶等。因此在今后农业发展中应重点扶持劳动密集型产品的生产，以充分发挥我国劳动力资源禀赋的优势，同时还可减轻我国土地相对缺乏的压力。

根据 RCA 测算，通过以上分析，可以看到中日韩三国的农产品贸易比较优势各有不同。日本拥有资金、技术和机械、电气方面的优势，因而高附加值的农产品如食品和其他类农产品更具竞争力，中国的优势在于园艺类农产品等劳动密集型的农产品生产，而韩国的优势正好处于中日两国之间，同时韩国的农产品生产的比较优势较为模糊。总体而言，三国都是农产品的净进口国，农业和食品加工方面在世界农产品市场均处于比较劣势地位，日本最明显，而中国最不明显，但是三国的比较优势开始逐步趋向一致。

第二节　中日韩不同密集型农产品
贸易优势的历史变化

根据土地密集型农产品（大宗农产品）、劳动密集型农产品（畜产品和园艺类农产品）、资本和技术密集型农产品（食品和其他类农产品）的分类标准，可以计算 1961~2001 年中日韩 3 种不同密集型农产品贸易比较优势的变化。

（1）土地密集型农产品（大宗农产品）。如图 7-1 所示，随着经济的发展，中国和韩国的土地密集型农产品的显性比较优势变化的总体趋势不断下降，而日本土地密集性农产品的显性比较优势不断提高。1961 年，中韩的土地密集型农产品在国际农产品市场具有一定的比较优势，到 2001 年，这种优势已经失去。日本国土面积狭小，人均耕地少，但是谷物、棉花等农产品的竞争力较大，这与日本先进的耕作技术和生物科技水平是分不开的。

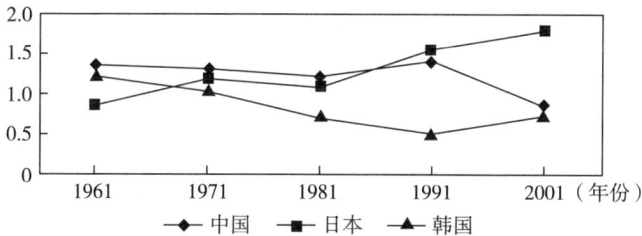

图 7-1　中日韩三国土地密集型农产品显性比较优势变化

资料来源：UN，COMTRADE。

（2）劳动密集型农产品（畜产品和园艺类产品）。如图 7-2 所示，中日韩三国在劳动密集型农产品显性比较优势的比较中，中国劳动力充足的优势充分显现。中国劳动密集型农产品的竞争力不断提高，而日韩由于农产品劳动力成本的逐步提高，劳动密集型农产品在国际市场处于比较劣势地位，水果和蔬菜等农产品需要从国外大量进口。这一进程正好与中国相反。另外，可以看出，随着中国、韩国、日本经济发展水平的依次提高，劳动密集型农产品贸易比较优势的大小为：日本<韩国<中国。

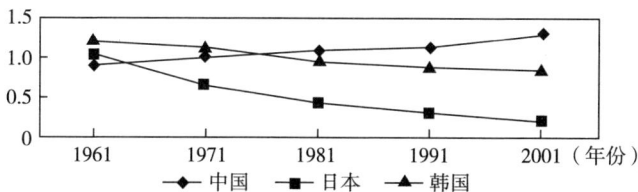

图 7-2　中日韩三国劳动密集型农产品显性比较优势变化

资料来源：UN，COMTRADE。

（3）资本和技术密集型农产品（食品和其他类农产品）。如图 7-3 所示，由于生产技术水平和资本投入的提高，中日韩三国的资本和技术密集型农产品的显性比较优势同时呈现不断增长的趋势。总体而言，中国的资本和技术密集型的农产品并不具备出口竞争力，而日本和韩国由于近 40 年的发展，在农业生产中广泛应用资金和技术，食品和天然橡胶类制品的竞争力不断提高，因而在国际市场上具有较强的竞争优势。中国、日本和韩国三国资本和技术密集型农产品贸易优势的大小为：中国<韩国<日本。

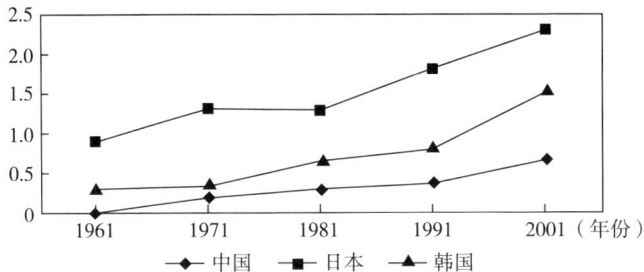

图 7-3　中日韩三国资本和技术密集型农产品显性比较优势变化

资料来源：UN，COMTRADE。

从以上分析可以得出以下结论：

（1）土地密集型农产品（大宗农产品）。日本最具比较优势，虽然日本国内并不具备土地资源优势，但是农业生产的专业化、现代化和标准化程度较高，许多环节实行严格的质量控制，大宗农产品如大米和棉花的品质要高于中国和韩国，可以满足国际市场的要求。中韩两国的大宗农产品成本较高，不及东南亚等发展中国家，产品品质更不如发达国家，因而在国际市场缺乏竞争实力。

（2）劳动密集型农产品（畜产品和园艺类产品）。中国劳动密集型农产品在三国中最具出口竞争力。韩国劳动密集型农产品的贸易比较优势与中国较为接近，特别是畜产品的贸易优势超过了中国和日本，但是在水果和蔬菜等园艺类农产品的出口竞争力不如中国。劳动力成本高使日本的劳动密集型农产品在国际市场并不具备竞争实力，事实上，日本每年从中韩或其他国家进口大量的畜产品和水果、蔬菜等农产品以满足国内需求。经济的发展和生物技术的应用使中国大量的农村剩余劳动力投入到新的农产品生产中，新产品的开发带动了农产品贸易的快速发展，同样是经济快速发展的进程，日韩的劳动密集型农产品却在这一过程中失去了比较优势。

（3）资本和技术密集型农产品（食品类和其他农产品类）。中日韩三国的食品和橡胶等资本和技术密集型农产品的出口竞争力相比，日本要优于中韩两国。经济实力的增强促进了农产品生产资金投入的提高，现代农业生物技术的广泛应用使资本和技术密集型农产品的贸易优势不断提高。

第三节　竞争力效应与比较优势变化之间的关系

贸易比较优势是农产品出口竞争力的主要表现。而根据恒定市场份额模型，竞争力的变化对贸易增长的影响可以通过竞争力效应表现出来。在这里，我们通过表7-2、表7-3和表7-4，分别就中国、日本、韩国农产品贸易中农产品竞争力效应与各自的比较优势变化进行了对比分析，来验证比较优势的变化与由出口竞争力效应推动的农产品贸易增长之间的关系。

（1）中国。见表7-2，从20世纪90年代初开始，中国大宗农产品的贸易比较优势逐渐下降，从2000年的1.41下降到2020年的0.85，而韩国大宗农产品的贸易优势虽然从2000年的0.51上升到2020年的0.72，但是仍然低于中国。随着韩国的谷物等粮食贸易市场放开，中国大米、小麦等粮食对韩国的出口不断增加。中国的大宗农产品出口主要对象是亚洲国家，其中对韩国出口量最大。大宗农产品对韩国出口的增长带动了农产品整体对韩国出口的增长。与日本相比，中国大宗农产品的出口竞争力较低，近10年来，这种差距还在不断扩大，因此中国对日本的农产品出口贸易中，大宗农产品[1]并没有起到推动的作用，而中国已经成为日本大宗农产品[2]的主要出口市场。

---

[1]　中国出口日本的大宗农产品主要是谷物及其制品和饲料。

[2]　日本出口中国的大宗农产品主要是合成纤维和其他人造纤维。

表 7-2　中国对日韩出口农产品竞争力效应与比较优势的对比

产品类别	竞争力效应变化			中国的比较优势变化		
	中韩	中日	比较	2000 年	2020 年	趋势
大宗类	65.3	-9.5	↘	1.41	0.85	↘
畜产品	2.6	26.7	↗	0.72	0.73	↗
园艺类	17.3	20.9	↗	1.27	1.49	↗
食品类	8.0	-0.4	↘	0.38	0.63	↗
其他类	7.6	-0.5	↘	1.10	1.55	↗

因为韩国在畜产品出口方面的竞争力比中国强，所以在中国对韩国的农产品出口贸易中，畜产品的竞争力效应并不明显。相比较而言，在对日本的农产品出口贸易中，中国畜产品的竞争力效应对中日农产品贸易增长的贡献率为26.7%，远高于中韩的2.6%。同样，具有较强出口竞争力的中国的园艺类农产品，其贸易优势超过了日本和韩国，这种差距还在拉大，在对日本和韩国的农产品出口贸易中，水果和蔬菜等园艺类农产品对中日、中韩出口贸易的增长贡献率较高。

中国在食品类和其他类农产品，如橡胶等，资本和技术密集型农产品的贸易比较优势不如韩国，更不及日本。因而两类产品的竞争力效应对出口增长的贡献率较低，对日本的农产品出口贸易中还表现为负值。值得注意的是，随着中国经济的发展，农业加工技术水平的提高，资本和技术密集型农产品的出口竞争力都在不断增强，与日韩的差距正在缩小。

（2）日本。见表7-3，日本的大宗农产品正凭借其优良的品质占领中国市场，中国国内需求的快速增长也为日本大宗农产品的对中国出口提供了契机。相对于中国对韩国大宗农产品出口的快速增长，日本对韩的大宗农产品出口量并不大，如2000年，谷物及其制品对韩国的出口量只有337万美元，而同期中国对韩的出口量为3.9亿美元。在韩国市场，日本出口韩国的主要是高价优质的谷物及其制品，而中国出口韩国的主要是低价优良的农产品，符合韩国国内的需求。

表7-3　日本对中韩出口农产品竞争力效应与比较优势的对比

产品类别	竞争力效应变化			日本的比较优势变化		
	日中	日韩	比较	2000 年	2020 年	趋势
大宗类	47.1	−399.4	↘	1.55	1.78	↗
畜产品	10.7	−44.9	↘	0.14	0.10	↘
园艺类	1.1	148.5	↗	0.42	0.34	↘
食品类	8.7	210.7	↗	0.98	0.84	↘
其他类	4.8	−592.7	↘	3.41	3.63	↗

近几年，日本的乳品和毛皮制品对中国的出口大幅增长，2000~2020 年，乳品增长了 10 倍，从 2000 年的 14 万美元增长到 2020 年的 153 万美元，毛皮制品从 2000 年的 1800 万美元增长到 2020 年的 31040 万美元，增长了 16 倍。乳品和毛皮制品的增长带动了畜产品对中国出口的增长。而韩国作为主要的畜产品出口国，畜产品的贸易优势强于日本，因而日本的畜产品竞争力效应对韩国的出口中并没有表现出与对中国相同的贡献率。

日本园艺类农产品对中国的出口保持了稳定的出口份额，而在对韩国的出口中，竞争力效应较为明显。原因在于日本园艺类农产品的贸易比较优势仍强于韩国，日本出口的水果和蔬菜主要为分类、加工后附加值较高的优质产品，在韩国市场可以与美国、法国等国的水果、蔬菜品展开竞争。

在对韩国的农产品贸易中，日本食品类农产品出口的竞争力效应贡献率最大，其中杂项食品和饮料的出口额增长迅速。因为中国国内主要消费价位较低的食品，对从日本进口的售价较高的食品并不能承受，所以近几年的增长量有限。其他类农产品主要包括橡胶制品和其他动植物原料，虽然日本在此类农产品的出口竞争力要强于韩国，但是由于韩国国内此类农产品的竞争力迅速提高，从日本的进口量也在不断下降，所以日本对韩国的其他类农产品出口遇到了阻力。相反，日本把原来的韩国市场转移到了中国，从 2000 年到 2020 年对中国出口的橡胶品增长了 68%，其他动植物原料增长了 368%。

（3）韩国。见表7-4，韩国每年从中国进口大量的大宗农产品，同时国内的大宗农产品出口对象主要是日本，在韩国政府的强力支持下，随着大宗农产品贸易比较优势的提高，韩国对中国、日本的大宗农产品出口不断上升，特别是对日本的出口增长速度较快。

表7-4　韩国对中日出口农产品竞争力效应与比较优势的对比

产品类别	竞争力效应变化			日本的比较优势变化		
	韩中	韩日	比较	2000 年	2020 年	趋势
大宗类	9.9	14.4	↗	0.51	0.72	↗
畜产品	23.4	−266.2	↘	2.77	2.21	↘
园艺类	0.6	23.6	↗	0.38	0.41	↗
食品类	1.3	18.9	↗	0.26	0.54	↗
其他类	10.6	−43.6	↘	1.57	1.96	↗

近几年，韩国对中国的畜产品出口增长速度较快。韩国畜产品的竞争力较强，而中国每年的畜产品需求量很大，有相当一部分依赖进口，因此畜产品的竞争力效应在韩中的农产品贸易增长的贡献率较高。受乳制品对日出口下降的影响，韩国对日本出口的畜产品的竞争力效应并没有起到应有的作用。

园艺类产品对日本出口仍然是韩国对日本出口的主要农产品。随着韩国比较优势的上升和日本比较优势的下降，韩国对日本出口的园艺类产品仍在不断上升，园艺产品的竞争力效应的贡献率也达到了 23.6%，超过其他任何一类的农产品。

韩国既是日本食品的主要进口国，也是对日本的重要食品出口国家。贸易比较优势的上升带动了韩国对日本食品类的出口，而对中国出口方面，由于竞争力仍然较弱，所以竞争力效应并不明显。

其他类农产品的竞争力与中国相比优势明显，因而对中国出口的其他类农产品的竞争力效应较强，而与日本相比仍有一定差距，所以其他类农产品对日本仍表现为负值。

一、主要结论

本章研究的主要结论，可以总结如下：

（1）除了韩国对日本的农产品出口，竞争力效应在区域内贸易增长中的推动作用最为明显。

不同类别农产品的竞争力推动区域内农产品贸易增长中的作用不同。中国园艺类农产品和畜产品强劲的竞争力推动了中国对日本农产品出口的快速增长。而在中国对韩国的农产品出口增长中，起到主要作用的是中国大宗农产品和园艺类农产品的竞争力优势。在韩国对日本的农产品出口增长中，园艺类农产品的竞争力发挥了主要作用。日本大宗农产品、食品和其他类农产品的竞争力上升较快，在对中国的农产品贸易中起到主要的作用。

（2）贸易比较优势的大小反映了农产品出口竞争力的强弱，中日韩三国由于所处的发展阶段不同，农产品所表现出来的竞争力也具有一定的差异，因而表现在农产品竞争力效应对农产品贸易增长中的推动作用各不相同。

日本生产的土地密集型农产品，特别是大宗农产品的竞争力不断提高且超过了中国和韩国。在劳动密集型农产品（如畜产品和园艺类农产品）的生产方面，中国的优势明显。而中日韩在资本和技术密集型农产品（食品和其他类农产品）的竞争力比较上，日本的竞争力最强，中国和韩国的竞争力也在不断提高。从而说明了农产品竞争力与农产品贸易增长之间存在直接的关系。

二、政策建议

根据上述结论，在促进中日韩区域内农产品贸易增长时，我国应该注意以下方面：

（1）充分发挥劳动密集型农产品的比较优势，稳步推进农产品出口结构的升级。从以上分析可以看出，我国现阶段要素禀赋的基本特征就是人均耕地资源及资本短缺而劳动力资源丰裕，所以，我国对日韩的农产品出口增长中起到重要作用的也是劳动密集型农产品，要充分发挥我国在劳动密集型农产品生产上的比较优势，在对日韩出口中处于强势的竞争地位，并且创造更多的就业机会，解决国内的压力。但是，对于中国来说，如果将竞争优势仅局限在低廉的劳动力成本是不够的，这样国家的农业现代化就不可能实现，因而中国必须进行产业升级，把发展高新技术和劳动力资源两个因素结合起来，增加对农业的资金投入，使资本和技术密集型农产品成为我国未来出口增长的关键因素，带动高附加值农产品生产的发展。

（2）制定重点发展对日韩的农产品贸易的战略，同时建立双边协调机制，避免贸易冲突的发生。与日本和韩国的农产品贸易在中国对外贸易中占有重要地位，努力扩大对日韩的农产品出口，可以迅速提高中国农产品出口额。但是对于近几年中日、中韩农产品贸易摩擦的不断升级，中国应该与两国建立贸易协调机制，共同寻求可行的解决办法。比如，可以与日韩就农产品贸易问题举行谈判，签订相关协议确保双方遵守世界贸易组织的有关规定；也可以加强生产和市场信息方面的交流，就主要农产品的贸易问题签订双边协议，用来指导农业生产，避免生产者因贸易问题而遭受重大损失。

（3）与日本农产品贸易中，扩大大宗农产品生产，提高食品类和其他农产品出口竞争力。针对中国对日本出口主要限制在畜产品和园艺类产品等劳动密集型农产品的情况，我国应该提高食品和橡胶等资本和技术密集型农产品的竞争力，降低贸易风险。同时，扩大国内的大宗农产品生产，减少日本对中国谷物和棉花等初级农产品的出口。建立对粮棉油等关系国计民生农产品的补偿机制，从而保持稳定的粮棉油供应，促进农业生产的稳定发展。

（4）针对韩国与中国的农产品贸易主要局限在大宗农产品和畜产品的情况，加强农业合作，同时避免在劳动密集型农产品方面的竞争。按照 WTO 协议的要求，从 2004 年 1 月开始，韩国开放了国内的牛肉市场和柑橘市场，以前限制较严的大米市场也开始遵守最小市场准入承诺。由于中国的大米等粮食作物出口对象主要为韩国，因而是中国扩大比较劣势产品的出口，促进国内生产结构调整的契机。中韩水果和蔬菜等园艺类农产品在日本市场都具有较强的竞争力，出口的种类也大致相同，因而实行开放的农业政策，提高贸易政策的透明度，可以避免在日本农产品市场上的过度竞争，防止中韩两国贸易关系的恶化。

总的来看，随着中日韩三国农产品贸易关系的日益增强，三国应各自发挥优势，扩大农产品贸易方面的合作，同时调整国内生产结构，实现优势互补，创造一个良好的农产品贸易环境，必然会使三方受益。

第八章　中日韩 FTA 构想的进展及影响

　　自由贸易区要能够顺利达成，必须具备三项基本条件，除了成员国间经济及政治利益的配合外，国际环境和条件也不可或缺。

　　自由贸易区是经济活动形成的条件之一，自由贸易区的成员国之间能够因此而获得经济上的利益；但是由于自由贸易区的达成涉及政府间的对话协商，因此成员国间必须有一个稳定而友善的政治外交环境。

　　无论中日韩自由贸易区能否顺利形成，随着中日韩三国政府积极参与东亚区域内的各项对话机制以及三国国内消费水平的提高，中日韩间的经贸往来越来越紧密。

　　中日韩成立自由贸易区的构想由来已久，最早始于东盟加三领导人会议中的中日韩领导人会议。后来中日韩领导人会议独立举行，同时扩大三国合作项目与范围，使中日韩 FTA 成为中日韩在经贸方面加强合作的目标。然而经过多年的推动，中日韩 FTA 并未真正达成。本章主要说明影响三国成立自由贸易区的主要因素，以及中日韩 FTA 共同研究的初步成果与发现。

第一节　影响中日韩 FTA 进展的因素

　　中日韩自由贸易区（中日韩 FTA）为东亚区域经济整合的一部分。受到欧洲及美洲于 20 世纪 90 年代在经济整合方面的积极进展影响，东亚国家为了避免在全球化过程中落伍，加强经济整合的讨论被提上日程。1997 年亚洲金融危机之后，东亚国家加强经济合作的意识更加统一。在东盟积极推动下，东盟十国与中日韩三国在马来西亚吉隆坡举行了首次非正式会晤，由此形成"10+3"机制与东亚经济合作框架。1999 年东盟与中日韩发表《东亚合作联合宣言》，正式启动"10+3"与东亚经济合作。

2002 年 11 月，中日韩三国领导人在"10+3"峰会下举行中日韩领导人峰会，韩国代表首次提出建立中日韩 FTA 的可能性。由于东亚经济整合还有更远大的目标，例如中日韩完成整合后，还有东盟加中日韩 FTA（即所谓"10+3"）、东盟加六（"10+6"，在"10+3"的基础上另加上澳大利亚、新西兰、印度），甚至东盟加八（"10+8"，在"10+6"的基础上另加上俄罗斯、美国）等战略构想。东亚经济整合与亚太区域经济整合同步推进的设想逐渐形成。

一、中日韩自由贸易区构想的演进

中日韩三国进行中日韩 FTA 可行性研究的共识起源于 2002 年 11 月中日韩领导人会议，自 2003 年起中日韩三国展开中日韩 FTA 共同研究。所谓 FTA 的共同研究，一般均为决定 FTA 何时展开谈判的最重要因素。不管是双方、三方或多方，在共同研究中确认 FTA 的经济效益。但是中日韩 FTA 共同研究起初分为民间的共同研究与官方的共同研究，因此中日韩 FTA 经历的过程也特别长。此外，中日韩领导人峰会在过去几年又有新的发展，尤其是自 2008 年起，中日韩领导人峰会自东盟加三会议独立出来，2010 年 5 月，中日韩领导人于韩国济州岛举行第三次峰会，设定了三国将推动"2020 中日韩合作愿景"，共同致力推动及成立东亚共同体，当时中日韩领导人峰会对东亚区域整合已有比中日韩 FTA 更宏观、长远的目标。

（一）中日韩领导人会议

中日韩三国领导人早在 1999 年出席在菲律宾马尼拉举行的东盟（ASEAN）+3 高峰会议时，曾以早餐会方式举行非正式会谈，开启三国举行领导人会议机制，其后三国领导人每年在出席 ASEAN+3 会议时，均举行三国领导人会议。历届中日韩领导人会议三国几乎均发表声明、备忘录或宣言等，强调三国加强合作与伙伴关系的政策立场，其中 2010 年 5 月 29~30 日在韩国济州岛举行第三次领导人会议，会后发表"2020 中日韩合作愿景"，可以说是三国合作最具体的成就，在三国合作愿景中设定了三国合作的范围与具体的目标。

（二）"2020 中日韩合作愿景"

"2020 中日韩合作愿景"的内容涵盖建立制度化合作关系、强化经贸整合、推动环境与永续发展政策、促进文化交流、促进区域安全及加强反恐合作等，其中，中日韩 FTA 共同研究仅属于经贸领域的合作；在促进区域繁荣与安全方面，未来中、日、韩三国将向促成东亚共同体方面发展，是较东北亚经济整合涵盖范围更大且更深入的区域整合。具体而言，中日韩合作愿景包括以下五大领域：

1. 建立三国合作秘书处，加强三国伙伴关系，并促其制度化

通过政府间合作，建立中日韩三国间相互信赖基础；2011 年在韩国成立三国合作秘书处；有效运用现有机构与单位，共同防范天然灾害；扩大三国地方政府间合作以期达成上述目标，三国政府将密切合作，以塑造相互间信赖基础，有效运作及管理合作体制，并为发掘合作项目及执行相关计划，中日韩三国决议于2011 年在韩国设立合作秘书处。

2. 进行中日韩 FTA 共同研究，通过持续经济合作迈向共同繁荣

中日韩三国 FTA 的共同研究，已于 2012 年内完成。通过废除各种贸易障碍及贸易便捷化，在 2020 年以前，扩大三国间贸易规模；支持中日韩物流部长会议及双边物流政策对话；加强三国间海关合作；推动签署中日韩三国投资保障协议；扩大三国间金融合作，并积极推动国际金融体系对话机制；持续发展三国间多边贸易体制，加强合作关系；加强科技革新领域合作；扩大标准部门之间的合作；在产业、能源、ICT 及文化等方面，采取共同的政策；加强三国在 G20 及APEC 等领域合作。

为了达成上述目标，当时决定于 2012 年之前，中日韩三国应完成有关 FTA的共同研究报告，并同意努力早日签署中日韩三国投资保障协议。三国同意通过废除贸易障碍及努力推动贸易便捷化，于 2012 年之前，更进一步扩大三国之间的贸易额，并将有效运作物流部长会议机制，增强三国间海关合作。此外，为了有效推动三国区域内及在世界经贸领域合作，三国利用 G20 及 APEC 等多边论坛机会，加强合作与交流。

3. 有效推动永续发展与环保政策

中日韩三国支持国际环保规范；共同履行有关十大环保部门行动计划；支持召开生物多样化协约年会；加强三国境内海洋环境保护；致力于境内黄沙防范技

术及应对能力培训机制；加强对防治有害废弃物合作体制；建构三国循环经济模范基础。

为达成上述目标，中日韩还决议支持《联合国气候变化框架公约》公约第 15 次缔约方会议（COP15）、《京都议定书》第 5 次缔约方会议（CMP5）决议及《哥本哈根协议》；有效支持三国环境保护部长会议推动十大议题，并同意采取共同应对措施。此外，三国同时决议致力减少日益增多的海洋废弃垃圾，防范黄沙及有害物质管制等，积极加强合作机制。

4. 通过扩大人员及文化交流，致力和谐与友谊关系

三方同意通过扩大人员交流，增强友谊关系；通过举行文化部长会议，增加合作交流，每年举行定期性文化产业研讨会，扩大三国间人员互访规模；积极推动大专院校相互间学分认定及共同学位课程交流；推动青少年相互访问；加强体育活动交流；为提升社会贫困阶层抗压性，加强三国间交流与合作。鉴于文化可以作为国民相互间友谊桥梁，进而增进彼此信赖与理解，决议继续加强目前已在推动三国文化部长会议及中日韩三国文化论坛等活动。此外，为持续推动三国大学间合作交流提供有效必要支持，建议举行教育部长会议，并更进一步扩大三国青少年交流及其规模。

5. 推动东亚共同体，共同推动区域及国际社会繁荣与安定

中日韩三方同意共同防范恐怖主义；加强合作，防范麻醉毒品；相互交换有关食品认证基准；为确保世界粮食稳定，三国应持续加强合作；为致力东亚共同体发展，三国在 ASEAN+3 及东亚峰会（EAS）等多边区域合作体上应加强合作；为建立东北亚共同体架构，在 ASEAN+3、EAS、ARF 及 APEC 等多边组织应加强合作关系。

综合而言，"2020 中日韩合作愿景"可以说是三国为加强全面性合作所设定的基本原则与目标，它包含投资、金融、国防、贸易、能源、产业、文化、环境、反恐、区域安全等领域的合作。在经贸领域方面，中日韩 FTA 与共同研究是三国当前合作的基本项目，未来中日韩 FTA 中将包括废除关税与非关税障碍、关务合作、签署投资保障协议、扩大金融合作、加强科技合作、强化商品标准合作、调和产业能源、ICT 及文化政策以及加强三国在 G20、APEC 领域合作。最终目标则在促进东亚共同体发展，在 ASEAN+3 及东亚峰会中加强合作。

（三）中日韩联合研究会议

为了解中日韩经济整合的可行性，自 2003 年起中日韩展开非官方的自由贸易区共同研究，2006 年三国合作完成并出版《中日韩自由贸易区》一书。中日韩 FTA 共同研究则于 2010 年 5 月展开。此外，中韩之间在 2004 年 9 月展开民间的中韩 FTA 共同研究，2006 年 11 月展开官产学中韩 FTA 共同研究，并于 2010 年 5 月完成。根据 2006 年三国民间智库合作完成的共同研究，中日韩 FTA 对于中日韩各具有不同的战略意义。从经济利益来看，进一步的整合对大家均有利，但是对少部分产业仍将带来调整压力。然而从全球区域整合发展趋势与中日韩在国际经济体系中扮演的角色来看，中日韩均认同东亚国家在区域经济整合潮流中应有所表现，故中日韩 FTA 在三国领导人峰会中将持续受到关注。

2010 年 5 月 6 日，中日韩三国商务部门在韩国首尔签署联合声明，宣布正式启动三国自由贸易区（FTA）联合研究，并举行第一次联合研究会议。声明中指出联合研究委员会召开是为了落实 2009 年 10 月 10 日三国领导人在中国北京峰会期间的指示，并依据 2009 年 10 月 25 日在泰国举行的三国经贸部长会议发表的联合声明，而联合研究将致力于 2012 年三国领导人峰会前结束研究工作。

中日韩发布的 FTA 联合研究职责范围显示，自由贸易区可能涉及的范围包括消除或减少现有货物、服务和投资领域贸易障碍、通过制定共同规则加强经济联系的方式和手段，通过 FTA 加强合作，包括产业部门的合作、关税及非关税措施、贸易救济、原产地规则、海关程序及贸易便利化、SPS 和 TBT（包括技术标准、相互认证）、自然人流动、资格认证、知识产权、电子商务、竞争政策、透明化及争端解决等其他议题。因此未来中日韩 FTA 应该是全面性的 FTA。

三方第二次联合研究会议于 2010 年 9 月在日本东京举行，三方就关税、非关税措施、原产地规则、贸易救济、卫生与植物卫生措施（SPS）、技术性贸易障碍（TBT）等涉及货物贸易和经济合作领域的有关议题交换意见。第三次联合研究会议于 2010 年 12 月在中国山东威海举办，三方就服务贸易和投资领域有关议题展开讨论，并确定 2011~2012 年工作计划及分工。2011 年 6 月 27~29 日第五次会议于日本九州岛举行，三方主要就联合报告中服务贸易和投资章节进行磋商。

（四）中韩联合研究会议

在中韩双边会议方面，中、韩双方于 2004 年 9 月通过商务部长会议达成展开民间中韩 FTA 共同研究共识，2006 年 11 月达成展开中韩 FTA 共同研究。自 2007 年起历经五次会议，于 2010 年 5 月完成官方共同研究。2010 年 9 月展开中韩 FTA 前期协议会议，于 2011 年 9 月完成中韩 FTA。由于中韩 FTA 联合研究进展较快，中韩 FTA 谈判可能会较中日韩 FTA 先展开谈判。

二、影响中日韩自由贸易区未来推进的可能因素

（一）东亚经济整合的未来发展趋势

目前，东亚经济整合基本上是以东盟十国为核心，向外不断扩大的同心圆经济整合，即 "ASEAN+N" 发展模式。中国参与自贸区谈判是以东亚经济整合为主要选择，希望在现有东盟—中国 FTA 基础上，建立包括日、韩两国的 "10+3" 自由贸易区。日本同样为东亚经济整合的成员，也有意愿推动东亚共同体，希望在 "10+3" 基础上纳入新西兰、澳大利亚和印度三国（即 "10+6"），甚至将来也不排除纳入美国。因此日本与区域内其他国家在推动东亚经济整合的目标上呈现着差异。不过，随着区域全面经济伙伴关系协定（RCEP）的生效，中日韩间接上已经形成了一个自由贸易区，虽然中日韩之间还没有达成更高层级的三方自贸协议。

（二）RCEP（《区域全面经济伙伴关系协定》）与 CPTPP（《全面与进步跨太平洋伙伴关系协定》）相互影响

中日韩 FTA 为决定 "东盟+3" 能否顺利整合的重要因素，同时也是构成东亚经济整合与 "东盟+N" 整合构想的关键。在东亚经济整合 "10+N" 的整合模式中，美国未被纳入，然而随着东亚国家加强整合与中国的快速崛起，美国认为它在东亚的利益受到威胁，因此 2009 年 7 月时任美国国务卿希拉里出访泰国时，宣布美国将 "重返亚洲"，称未来美国将把亚洲事务摆在美国外交议程上更显著的位置。在参与区域经济整合方面，则于 2008 年宣布将加入《跨太平洋伙伴关系协定》（TPP），并展开相关谈判。

TPP 是由新加坡、新西兰、文莱、智利四国在 2006 年组成的自由贸易区，四国在 TPP 中承诺了高度的相互开放市场，而且保留进一步扩大成员的对外开

放性。2008 年 9 月美国宣布加入 TPP 谈判，随后又有马来西亚、越南、澳大利亚、秘鲁加入，故 TPP 成员扩大至 9 国，而谈判则由美国主导。在当时 TPP 的扩大趋势与主要成员的积极推动下，美国意在推动 TPP 成为亚太地区重要的经贸整合组织，并制定亚太地区贸易规则将中国排除在外。

TPP（后来美国退出，发展为 CPTPP）与 ASEAN+N（也就是后来的 RCEP）两个整合模式虽然并非相互排斥，且 2010 年 APEC 宣言认为两者同样是促进亚太地区迈向亚太自由贸易区（FTAAP）的可能途径，但是当时的 TPP 是自由化程度较高的区域整合，与 RCEP 还是有明显的不同之处。因此，两者欲相互合并，在短期内也是相当困难。

日本在菅直人政府时期，曾经对 TPP 表示浓厚兴趣，但是后来日本政府对于是否加入 TPP 的考虑是暂缓。而当初日本内阁之所以对 TPP 显示浓厚兴趣，主要是日本经济团体联合会鉴于韩国当时已与欧盟、美国完成 FTA 谈判并签署协议，担心日本本国汽车和电子零件等产品出口会受到影响，因而努力推动日本加入 TPP。

日本参与 TPP 促使日本积极面对贸易自由化，为此日本政府必须思考如何提升国际竞争力，以及如何保护本国农业。也有学者呼吁中日韩三国应加强东亚经济整合，甚至成立东亚共同体，以摆脱对美国的依赖，但是日本的意愿并不强烈。最终在美国退出 TPP 后，日本推动达成了 CPTPP，日本的区域整合之路已经全面转向。

对于中日韩 FTA 的发展，在 2011 年 5 月第四次中日韩峰会中，虽然三国表示将完成关于中日韩自由贸易区的联合研究，并期待能在第二年展开谈判，但对于如何进一步深化经济合作，并未有明显的进展。

还有一个与中日韩 FTA 发展可能有密切关系的是中韩 FTA。2011 年 11 月 24 日，韩国贸易部长在接受访谈时提到，韩国将加强与重要贸易伙伴，包括日本与中国的 FTA 谈判，其中韩日 FTA 已经展开，但目前处于暂时中断状态。未来亚太区域整合发展的速度如果持续超越东亚区域整合速度，则东亚区域整合恐将被亚太区域整合所涵盖。

第二节 中日韩自由贸易区对成员国经贸影响

1999 年 11 月在菲律宾首都马尼拉召开的东盟"10+3"会议中,中日韩三方同意,由三国官方智库就如何进一步加强三国经济合作进行研究。2000 年我国国务院发展研究中心、日本综合开发研究院(NIRA)及韩国的对外经济政策研究院(KIEP)在三国政府的授权下,于中国北京签署合作研究协议。2002 年分别就《促进中日韩贸易便捷化及加强中日韩三国间相互投资》提出研究报告及政策建议。

自 2003 年起三方研究机构在前两年的研究基础上,展开《长期经济愿景以及中程政策方向》的讨论,并直接将中日韩自由贸易区形成的经济影响评估列为研究重点,同年三方智库提出了《中日韩自由贸易区的经济效果》,2004 年则进一步就产业来观察中日韩自由贸易区形成的影响,并计划于 2005 年提出更为广泛的研究结论,并对三国政府提出政策建议。

由于中日韩三方均是东亚主要国家,中日韩 FTA 若成立,将影响东亚经济整合,所以已有不少文献进行中日韩 FTA 经济影响评估。

一、中日韩 FTA 联合研究报告

(一)中日韩 FTA

中日韩 FTA 的签署对中日韩三国而言,在劳动力、自然资源及知识产业方面,对三方均是有利的经济整合,由于三国间存在一定的互补性,日本及韩国在资本及技术密集产业上具有相当优势,而中国在资源及劳动力密集型产业方面则较日、韩具有优势,三方在部分产业各具优势,因此整合之后对彼此产业也会形成一定的冲击。根据初步估算,如三国签署中日韩 FTA,将为中国增加经济福利 47 亿~64 亿美元,带动中国 GDP 1.1%~2.9%成长。为日本增加经济福利 67 亿~74 亿美元,带动日本 GDP 0.1%~0.5%成长。为韩国增加经济福利 114 亿~263 亿美元,带动韩国 GDP 2.5%~3.1%成长(见表 8-1,相关数据统计不包括贸易转移收益及其他收益）。研究认为中日韩 FTA 越延迟签署将因中日韩三国间不断与他国（地区）签署 FTA 而日渐失去其比较优势[①]。

表 8-1 中日韩 FTA 经济效益评估

研究单位 国家	（原）中国社会科学院亚洲与 太平洋研究所（2004 年）		2006 年三方联合研究小组	
	GDP 成长率（%）	经济福利效益 （亿美元）	GDP 成长率（%）	经济福利收效益 （亿美元）
中国	1.1~2.9	47~64	0.3	33.49
日本	0.1~0.5	67~74	0.37	167.6
韩国	2.5~3.1	114~263	3.55	124.46

资料来源：孙晓郁（2006），中日韩可能建立的自由贸易区。

另外，由于中日韩同处于类似性质产业加工网络，彼此间贸易主要涉及半成品，再加上半成品在关税上多半较低，部分产品甚至为零关税。因此，中日韩 FTA 中投资协议应最先签署，而货物贸易协议则可以延后。我国国务院发展研究中心的报告认为因受经济模型限性影响，中日韩 FTA 签署其实际利益将大于模型估算。

2006 年中国联合研究小组将资料更新后，重新模拟中日韩 FTA 对三国影响，在假设三国均消除关税障碍以后，对三国经济均将带来重大利益。其中，中国 GDP 成长 0.3%，经济福利增加 33.49 亿美元；日本 GDP 将成长 0.37%，经济福利增加 167.6 亿美元；韩国 GDP 将成长 3.55%，经济福利增加 124.46 亿美元。

就 GDP 成长率而言，韩国获益最大，而日本获得的经济收益总量最多。与两年前的模拟结果相比，中国在经济成长和经济收益总量方面获得的收益似乎减少了，这是因为新的模拟结果剔除了中国加入 WTO 入会承诺部分。此外，中日韩 FTA 对其他国家和地区的 GDP 和经济效益则可能因为中日韩自由贸易区而略微受损，即自由贸易对非成员国具有贸易转移效应。如果考虑 FTA 签署对象有

---

① Kiyoshi Taniguchi. A General Equilibrium Analysis of Japanese Market Trade Liberalization [C] . Selected paper, American Agricultural Economics Association, 2011.

效增加之后，有利于签署国与国际市场联结，以至于可以吸引较多外国人直接投资进入，则 FTA 对成员国正面的效果以及对非成员国负面的排挤效果将更为扩大。

（二）中韩 FTA

中韩 FTA 可行性研究是由中国国务院发展研究中心（DRC）与韩国对外经济政策研究院（KIEP）于 2005~2006 年共同进行，研究结果显示，在静态模拟情境下，中韩 FTA 将使中国 GDP 成长 0.395%，韩国 GDP 成长 2.443%；在考虑资本累积的动态模型下，将使中国 GDP 成长 0.584%，韩国 GDP 成长 3.313%，因此中韩 FTA 对韩国的经济效益也比较大。

二、中韩 FTA 官方联合研究报告

根据中日韩 FTA 的发展速度，目前看来有可能先由中韩展开双边 FTA 谈判，之后再促使日本加入。史惠慈、刘碧珍（2007）利用 GTAP 模型评估中韩 FTA 对中、韩的影响，模拟情境主要在假设中韩货物贸易自由化后，中韩两国彼此削减贸易障碍可能产生结果。在进出口部分，中国出口将增加 132 亿美元、进口增加 139 亿美元，韩国出口增加 84 亿美元、进口增加 112 亿美元，其他国家进出口金额则普遍下降。

在实质 GDP 方面，中国实质 GDP 增加 3.11 亿美元，变动率为 0.03%，韩国实质 GDP 增加 132 亿美元，变动率为 3.09%，中国实质 GDP 增幅小于韩国。其他各国实质 GDP 皆受到负面影响。

在贸易条件方面，韩国贸易条件上升，中国及其他国家贸易条件皆恶化。在产值变化方面，中国产值共计增加 24.3 亿美元，变动率为 0.08%，韩国产值共计增加 272.73 亿美元，变动率为 2.89%，韩国产业受到正面影响的程度明显大于中国。

2010 年 6 月，中韩发表中韩 FTA 官方联合研究报告，该联合研究报告由中、韩研究团队分别从中、韩各自的角度，说明彼此在不同产业间的竞争情势，及 FTA 中重要议题的立场与其国内相关规定，因此可以说是彼此对 FTA 的重要议题进行了基本立场的交换与认识，对于未来 FTA 谈判的进展应具有缩短认知差距、加速谈判功能，FTA 谈判以开放市场为核心，其余与市场开放相关的商事法

规、贸易措施，如原产地规则、关税程序、技术性贸易障碍、商品检验、检疫等规定通常在 FTA 中也会加强相互调和。此外，投资、争端解决、金融合作、知识产权等也可能是双方协议中的重要议题。

从货物贸易与服务贸易市场开放来看，以下是讨论的结果：

（一）货物贸易市场进入

针对货物贸易，双方主要针对石化、纺织、钢铁、机械设备、电子、汽车、有色金属、橡塑料产品、化妆品、纸制品十个产业部门及敏感类农、渔业部门加以分析。

1. 石油与化学业

中国为全球最大石化产品消费国，其部分化学品进口依赖度达 50%，主要供应国家和地区包括日本、韩国、新加坡、俄罗斯及中东，平均关税率为 6.2%。中国主要在非资本与技术密集项目上具竞争力，高资本及技术密集的项目生产力较韩国弱。但中国对石化业产能正持续扩大中。韩国则在化学产业呈现产能过剩的现象，在总出口中有 40% 出口至中国。韩国对石化产品进口平均关税为 5.9%，虽然部分项目如 HS2710-2713 韩国自中国进口持续增加，但整体而言，中韩签署 FTA 后，韩国出口将继续成长。

2. 纺织与服装

中国是纺织品与成衣最大出口国，平均进口关税在 11.4%，最高税率为 25%。韩国为全球第六大纺织品出口国，关税为 9.98%，最高税率为 13%。整体而言，中国在此产业具有明显竞争优势。

3. 钢铁及其制品

中国为钢铁及其制品全球第一大生产国，但其产品多属于低附加价值项目，平均进口关税为 6.56%，最高税率为 30%。韩国为全球第五大钢铁生产国，自 2006 年起有贸易赤字，但韩国主要在高附加值项目上具有竞争优势。韩国平均进口关税为 2.5%。中国主要在无缝钢管、厨房不锈钢产品部分较弱。

4. 机械设备

中国为韩国机械业最重要市场，平均进口关税率为 8.62%。韩国在高阶产品方面技术与质量较佳，故韩国有大量顺差。韩国平均进口关税率为 6.56%，FTA 后韩国获益较大。

5. 电子设备

中国主要在低或中附加价值产品方面具有专业化生产优势，平均关税税率为8.1%。但是在显示器、电视零件、映像管等方面不具竞争力，平均家电产品关税在15.2%。韩国主要在高附加价值电子产品方面呈现专业化生产，其平均关税为5.4%，但是在其他电子产品，如整流器、插头、插座、变压器等方面不具竞争力，韩国显示面板（TFT-LCD）竞争力强，家电关税为6.8%，若签署 FTA 韩国获益较大，但也将使中国附加价值品出口增加。

6. 汽车及其零配件

中国为全球重要的汽车生产国，主要以国内市场为主，整体产业技术、质量与设计仍较韩国弱，平均关税率为12.49%，韩国为全球第四大汽车生产国，产品以出口为主，韩国平均关税率为8%。整体而言，韩国明显具有竞争优势。FTA 可能使韩国出口更多。

7. 有色金属

中国为有色金属最大生产及消费国，中国对韩国出口34.1亿美元，中国平均关税率为6.48%，中国对部分项目出口课征关税；双方竞争力相差不多。中国为韩国出口最大目的地，韩国平均关税为6.27%，韩国对中国出口30.6亿美元，韩国有逆差，但中国需求快速成长，未来可能转为韩国有顺差。

8. 橡胶产品

中国为橡胶产品进口消费大国，平均关税率为11.26%，最高税率为25%。在双边贸易中，韩国有小量顺差（出口7亿美元，进口45亿美元），韩国平均关税为8%。

9. 化妆品

中国为亚洲第二大、全球第八大化妆品市场，80%产品来自于当地，高端产品则被跨国品牌主导，平均关税率为11.80%，韩国较中国产品具有竞争优势，平均关税率为8%，未来 FTA 将使韩国商品进一步提高价格竞争力，同时提高韩国商品在高阶市场竞争力。

10. 纸及纸制品

在纸及纸制品方面，中国对韩国出口2亿美元，平均关税率为6.69%，最高税率为7.5%。韩国出口至中国4亿美元，平均关税为0.1%，最高税率为8%。

FTA 后，韩国纸品竞争力提高，出口将明显增加，但中国的非涂层纸、包装容器对韩国出口也会增加。

11. 农产品

中国农产品平均关税率为 13.45%，最高税率为 65%，有 39 项关税配额项目，配额内关税 1%~15%，配额外关税 20%~65%。其中稻米、大豆、芝麻种子、胡椒、洋葱、苹果、牛肉具有价格优势。韩国农产品平均关税为 53.69%，最高税率达 887.4%，有 205 项关税配额项目，配额内关税 0~50%，配额外关税 9%~887.4%。

12. 渔产品

中国渔产品对韩国出口有顺差，平均关税率为 11.2%，最高税率为 23%。中国渔产品在韩国市场占有 37.3%，韩国出口渔产品主要为冷冻鱼、鱼、乌贼等，平均关税为 17.7%，最高税率为 57%。

综合而言，由于中国在劳动密集型制造业具有明显的竞争优势，韩国则在资本及技术较密集的产业较具优势，因此未来扩大市场开放后，双方可能进一步强化产业分工，同时由于规模经济与扩大贸易将可使双方经济均可获利。尤其中国属于快速成长中的市场，扩大开放市场虽然可能使进口品增加，但是在市场需求成长快速下，进口增加的冲击可能被新增的需求吸纳，故预期中方仍会做大幅度的市场开放。

双方敏感类的产业主要是部分农、渔、林产品，由于中国农产品价格偏低，比较具有竞争力，以致韩国自中国进口的蔬菜、水果将大量增加，而形成对韩国农业冲击。但是中国人均农业资源在递减，同时中国国内需求旺盛，而韩国市场还有其他 FTA 伙伴强力竞争，中国产品出口不见得可以快速增加。此外，中国劳动成本正在快速提高，日后其价格优势将日趋缩小，以致中韩 FTA 完成后，中国产品的竞争优势可能已经缩小。但是韩国认为中韩 FTA 对韩国渔业、林业将有较大影响，而中国则认为中国国内市场需求增加快速，同时中国必须面对韩国其他 FTA 伙伴的强烈竞争，以及成本增加及加工技术仍待提升等限制，将使中国对韩国出口无法大幅度增加。由于农业、渔业对韩国属敏感类产业，预期未来双方将会使部分农业、渔产品以敏感类产品方式处理，包括延长过渡期、以关税配额方式逐步开放或排除少数项目而其他部分则大幅度开放。

（二）服务贸易市场准入

中国服务贸易进口主要来自发达国家，美国、欧盟、日本也为中国主要跨境贸易伙伴。此外中国服务贸易自 1992 年起，除 1994 年以外，均为赤字。中国服务贸易集中于传统部门，如旅游、运输与其他商业服务，2006 年分别占服务贸易总进出口的 24.2%、34.3% 及 11.2%；相反地，知识密集型服务部门如金融、通信、计算机及信息服务所占比例较小，分别仅为 0.9%、0.8%、1.7%，仍属初期发展阶段。近年来运输服务出口比例有增长趋势，而旅游出口比例虽轻微下降但仍为中国最重要的服务贸易部门。

自从加入 WTO 后，中国已采取多项措施开放其服务贸易市场，在 WTO 服务分类清单列举 100 个子行业，包含详细的跨境提供、海外消费、商业据点、自然人移动等服务部门规范。

在韩国方面，随着乌拉圭回合谈判、加入 OECD 及历经亚洲金融危机后，韩国明显解除对服务部门管制，如为符合其多个双边 FTA 及 WTO 多哈回合谈判需要，韩国在 WTO 服务分类清单（W/120）列举 106 个子行业，试图简化或解除多数旧有的限制。

基于服务业发展对提升制造业竞争力也有直接影响，近年来韩国在开放服务业方面有较大进展。而制造业部门就业人口数逐渐减少，其中部分原因是生产力提升所致，这些失业人口转入服务业部门，服务业部门就业人口数呈现上升趋势，中韩两国都有相同情况。此外，为了提高生产力，中韩需改进服务部门的功能，以便作为制造业部门的中间投入，如专业服务、商业服务、通信服务、金融服务、运输服务。因此倘若中韩间能通过谈判妥善处理对服务部门关切与顾虑，那么双方服务部门将互惠互利。

服务自由化可催化国内经济，创造新的竞争，降低生产者与消费者成本。因此中韩间 FTA 应移除可能造成额外出口成本与妨碍竞争的相关规定，并应衡量双方特定部门的敏感性。研究显示，服务部门生产力提高，将促使工业部门的生产力得到改善，中韩双方皆可因此获益，尤其是以专业服务、商业服务、通信服务、金融服务与运输服务等作为中间投入的制造业受益最为显著，借由降低障碍及提高透明度，中韩 FTA 将加强彼此相互合作，强化市场进入，促进商品、人力资源及技术相互流动，增加贸易便捷性。

（三）关税程序、贸易便捷化

未来中韩双方在中韩 FTA 可能考虑加强合作的范围包括：①加强海关程序透明，并尽量适用国际标准；②密切合作贸易便捷化；③合作提供更先进关税分类及原产地规则；④合作促进无纸化贸易，在原产地证明、商务诈欺、毒品非法交易等议题方面有更正式的合作；⑤鼓励与其他区域海关进行行政方面合作，包括积极支持世界海关组织；⑥承诺促进海关行政单位就进口、出口、再出口、运输、转载及其他海关程序实施更强力且有效率的知识产权法，尤其是仿制品；⑦合作确保相关法律、规定、行政命令公开性，或相关海关合作及贸易便捷化措施适当公布方式。

第九章　RCEP 签订开启中日韩农业合作新篇

在中日韩自贸区谈判搁置之时，东盟与中国、日本、韩国、澳大利亚及新西兰等 15 个国家于 2020 年 11 月 15 日正式签署《区域全面经济伙伴关系协定》（Regional Comprehensive Economic Partnership，RCEP）。RCEP 将缔造全球迄今规模最大的自由贸易区。以 2019 年的数据计算，RCEP 的 15 个成员国总人口为 22.7 亿，GDP 达 26 万亿美元，出口总额达 5.2 万亿美元，均占全球总量约三成。

RCEP 囊括了东亚地区主要国家，这个自贸区的建成将会加速东亚经济一体化的进程；这意味着全球约 1/3 的经济体量将逐渐形成一体化的大市场，为全球经济增长注入新的动力。据测算，到 2025 年，RCEP 可望带动成员国的出口、对外投资存量、GDP 分别额外增长 10.4%、2.6% 和 1.8%。汇丰银行的研究预测，到 2030 年，RCEP 的 15 个成员国在全球 GDP 的占比将增加至 50% 以上，进一步强化全球经济重心不断东移的趋势。

第一节　RCEP 协议的主要看点和背景

根据我国商务部 2021 年 1 月对外公布的协议文本，RCEP 在文本结构上是由序言、20 个主要章节以及 4 个市场准入承诺表附件组成，前者包括货物贸易、原产地规则、贸易救济、服务贸易、投资、电子商务、政府采购等方面的内容，后者为关税承诺表、服务具体承诺表、服务和投资保留及不符措施承诺表和自然人临时移动承诺表①。在协议内容上，RCEP 有以下主要特点：

鉴于 RCEP 成员国之间的经济发展水平悬殊，各方的谈判过程倡导自愿、灵活和循序渐进的方式。基于这种运作概念，RCEP 协议在内容上更具包容性和灵活性。例如，15 个成员国均采用双边"两两出价"的方式对货物贸易自由化作出安排；各自在推动服务贸易开放方面的进程也不要求统一，以便让部分国家获得适合自己的过渡期；协议也明确了在开展经济与技术合作时，将优先考虑区域内低收入国家的需求。

RCEP 是亚太区域内经贸规则的整合，融汇了东盟与中国、日本、韩国、澳大利亚、新西兰之间签署的多份"10+1"自贸协议以及中国、日本、韩国、澳大利亚、新西兰 5 国之间已有的双边自贸伙伴关系，并进行全面提升。RCEP 也对少数成员国之间未达成双边自贸协议的空白领域进行了补充，让中日和日韩通过 RCEP 的平台，首次建立了双边自贸伙伴关系。

在货物贸易方面，RCEP 协议生效后，区域内 90% 以上的货物贸易将最终实现零关税，并且主要是一步到位地降税到 0 和 10 年内逐步降税到 0，使 RCEP 自贸区有望在较短时间内兑现所有货物贸易自由化的承诺。

在原产地规则方面，RCEP 实施统一的区域累积规则，使产品原产地价值成分可在 15 个成员国进行累积，来自 RCEP 任何一方的价值成分都会被考虑在内。在有关安排下，跨国公司可以更加灵活地在区内进行产业空间布局以及在成员国之间开展生产材料的调配，建立更精细、更完善的产业链分工体系，降低最终产品的生产成本。这不仅有助于扩大 RCEP 成员之间的贸易，还将促进区域供应链、价值链的深度融合。

与此同时，RCEP 进一步丰富了原产地证书的类型，在传统原产地证书的基础上，允许经核准的出口商声明以及出口商的自主声明。这标志着原产地认证制度将由官方授权的签证机构签发模式转变为企业信用担保的自主声明模式；除了有助于节省政府的行政管理成本和企业的经营成本之外，也将进一步提高货物的通关时效。

---

① 商务部网站. 区域全面经济伙伴关系协定（RCEP）［EB/OL］.［2023-01-15］. http：//fta. mofcom. gov. cn/rcep/rcep_ new. shtml.

在服务贸易方面，RCEP 拓宽了对服务贸易和跨国投资的准入，以负面清单的方式进行投资准入的谈判，总体开放水平显著高于成员国之间原有的自贸协议。其中，日本、韩国、澳大利亚、新加坡、文莱、马来西亚、印度尼西亚 7 个成员国率先采用负面清单方式，中国等其余 8 个成员国在一开始采用正面清单承诺，但将于协议生效后 6 年内转化为负面清单。

RCEP 也对标国际高水平自贸规则，纳入高水平的知识产权、电子商务、竞争政策、政府采购等前沿领域的议题。例如，在电子商务领域，成员国一致同意维持当前不对电商征收关税的做法。

一、RCEP 协定达成的背景

作为全球迄今为止规模最为盛大的区域性自由贸易框架，RCEP 在全球化遭遇重大挫折的背景下仍能够最终达成，其中一个原因是主要成员国一向都是经济全球化的推动者。事实上，近年因为 WTO 谈判受阻，亚太区域内的制度化经贸合作反而不断推进，签订的双边和多边协议数目在全球都居于首位。根据亚洲开发银行的统计，亚太区签署并生效的自由贸易协议在 2000 年为 39 个，至 2020 年已增至 168 个。

另一个原因是亚太区内经济体的产业关联日益深化，彼此间的贸易依存度越来越高，使推进经贸合作关系的共同利益基础更加牢固。经过近半个世纪的发展，亚太区各经济体之间建立了一个密集交叉、有机分工的产业协作体系；例如，日韩为中国、东盟提供关键零部件，东盟向中国出口生产半成品，澳大利亚向中国提供初级原材料，中国向东盟输出零部件以及消费产品，带动区内形成了充满活力、紧密相扣的循环。

以 RCEP 成员国之间的内部贸易为例，中国在韩国中间产品出口贸易中所占的比重从 2007 年的 13.7% 上升至 2017 年的 26.8%，同期日本输往中国的中间品占比从 7.1% 上升至 16.6%，而澳大利亚更从 6% 大幅上升至 29.1%。2018 年，中国对 RCEP 成员国的总贸易金额超过 1.3 万亿美元，占其全年进出口贸易总额的 28.3%；至 2019 年，中国已连续 11 年成为东盟最大的贸易伙伴，东盟也于 2020 年首次成为中国最大的贸易伙伴。

中国积极发挥引领作用也是促成 RCEP 的有利因素之一。中国与其他 RCEP

国家的贸易保持强劲增长，更成为东盟、韩国、澳大利亚、新西兰最大的出口市场以及日本的第二大商品输出目的地，在各国出口总额中的占比介于 14% ~ 32.7%。正是有了中国的大力推动，RCEP 才能在最后阶段达成协议。

近年由中美贸易摩擦催化的新一波产业转移正促使区域内的贸易投资格局发生重大的结构性改变，区内的产业分工协作体系不但更趋紧密，而且更加精细化和系统化；同时，亚洲各国的企业在新冠疫情暴发之后，纷纷转向区域内的出口贸易市场和商品的供应渠道。

这些因素令亚洲国家缔结 RCEP 的现实重要性更加迫切，亟须建立一个高层次、覆盖面更广的区域性协调机制，以便加强和深化彼此间的经贸关系。

二、RCEP 对中国的战略性意义

RCEP 是中国签署的首份大型多边自由贸易协议，为打造全球规模最大的自由贸易区奠定制度化的基石，意义非凡。虽然 RCEP 最初是由东盟于 2011 年发起，但中国无论在经济体量、人口数量、贸易规模还是消费市场潜力等方面均占据第一位，因此在亚太经贸规则的制定过程中担当实际意义上的主导者，并借此进一步提升中国在亚太地区乃至国际上的经贸和政治影响力。

从协议签署的时间点上来看，近年大国竞争愈演愈烈，RCEP 的签署象征着多边主义和自由贸易取得一次重大胜利，同时也证明了全球化与分工合作仍将是未来国际经贸发展的主流趋势和主导力量。

RCEP 成员国构成相当多元化，既有澳大利亚、新西兰、日本、韩国、新加坡等发达经济体，也有中国、泰国、越南、马来西亚等具代表性的新兴市场，还有缅甸、柬埔寨等较低收入国家。RCEP 通过推动成员国间缔造更开放的货物、服务和投资环境，逐步推进区域经贸一体化，特别是有助于促进商品、资源、技术、人才等经营要素更便利、活跃地流动，提升区域内产业转移、承接与整合的能力，有助于区域内部的供应链、产业链和价值链保持完整性。

作为亚太区内的制造业供应链中心，中国可以借助 RCEP 的平台，契合自身产业升级的需要，推动部分产业向区内其他发展中国家转移；同时还可受益于自贸区内不断扩容和趋向一体化的大市场，从而加快经济结构转型的步伐，在附加值更高的市场上抢占更大份额。

美国前奥巴马政府曾在 2015 年牵头达成《跨太平洋伙伴关系协定》（TPP），这个以亚洲国家为主、标榜高标准自由贸易的多边合作机制，却将中国这一亚太区最重要的经济体排除在外。这在一定程度上迫使中国更加积极参与由东盟提出的 RCEP，并发挥自身作为亚洲最大经济体和贸易国的特殊作用，推动各方快速达成协议。

RCEP 有助于亚洲供应链重整，中国与周边经济体形成"你中有我，我中有你"的产业共生关系，"命运共同体"纽带将更加牢固。

值得一提的是，中国和日本通过 RCEP 的平台首次建立了双边自贸伙伴关系。RCEP 是唯一将中日韩同时包含在内的自贸协议框架，除了有助于促进三国之间形成新的市场开放格局和展开更高层次的经贸技术合作之外，更有望以此为基础加快中日韩自贸区的谈判进程（RCEP 要点见表 9-1）。中国和日本首次达成双边关税减让安排，实现了历史性突破；中日对两国产品进入对方市场的关税废除率达到 86%，如在中国市场备受欢迎的日本产元贝、日本酒等的入口关税将会废除，而电动车马达及钢铁制品等也被列为撤除关税的对象。

表 9-1　《区域全面经济伙伴关系协定》要点

货物贸易	货物国民待遇：给予其他缔约方货物国民待遇 关税自由化：逐步实施关税自由化给予优惠的市场准入，缔约方执行各国《关税承诺表》规定的最惠国关税税率 特定货物的临时免税入境 取消农业出口补贴 全面取消数量限制、进口许可程式管理，以及与进出口相关的费用和手续等非关税措施方面的约束 原产地规则：授予货物"原产地位"的标准，实行原产成分累积规则，将来自 RCEP 任何缔约方的价值成分都考虑在内
服务贸易	包括市场准入承诺表、国民待遇、最惠国待遇、当地存在、国内法规等规则，部分缔约方采用负面清单方式进行市场准入承诺，要求现在采用正面清单的缔约方在协议生效后 6 年内转化为负面列表模式 金融服务：①稳健的审慎例外条款，确保金融监管机构保留制定支持金融体系完整性和稳定性措施的能力；②履行金融监管透明度义务，缔约方承诺不得阻止开展业务所必需的信息转移或信息处理，以及提供新的金融服务；③缔约方可通过磋商等方式讨论解决国际收支危机或可能升级为国际收支危机的情况 电信服务：在现有的东盟"10+1"自由贸易协议电信服务附件基础上，附件还包括了监管方法、国际海底电缆系统、网络元素非捆绑、电杆、管线和管网的接入、国际移动漫游、技术选择的灵活性等条款 专业服务：便利本区域内专业服务的提供，包括教育、考试、经验、行为和道德规范、专业发展及再认证、执业范围、消费者保护

投资	对东盟"10+1"自由贸易协议投资规则的整合和升级，包括投资保护、自由化、促进和便利化四个方面
	承诺最惠国待遇、禁止业绩要求、采用负面列表模式做出非服务业领域市场准入承诺并适用棘轮机制（即未来自由化水平不可倒退）
	争端预防和外商投诉的协调解决
海关程式	确保海关法律和法规具有可预测性、一致性和透明性的条款，促进海关程式的有效管理和货物快速通关的条款
	对税则归类、原产地以及海关估价的预裁定
	为符合特定条件的经营者提供进出口、过境手续和程式有关的便利
	用于海关监管和通关后审核的风险管理方法等
电子商务	维持不对电子商务征收关税
	通过电子方式改善贸易管理与程式的条款，设立监管政策空间
政府采购	提高法律、法规和程式的透明度，促进缔约方在政府采购方面的合作
标准和技术	在承认标准、技术法规和合格评定程式减少不必要的技术性贸易壁垒
经济与技术合作	缔约方将实施技术援助和能力建设项目，包括货物贸易、服务贸易、投资、知识产权、竞争、中小企业和电子商务等
	同时将优先考虑最不发达国家的需求
动植物检疫	加强 WTO《卫生与植物卫生措施协议》在病毒虫害非疫区和低度流行区的风险分析、审核、认证、进口检查以及紧急措施等执行的条款

第二节　RCEP 生效为中日农业贸易带来机遇与挑战

2022 年 1 月 1 日，《区域全面经济伙伴关系协定》正式生效。这是中日首次达成关税减让安排，算是中日自贸关系取得了"零的突破"。由于此前中国与东盟、韩国、澳大利亚、新西兰分别签订了自贸协定，唯有跟日本之间没有自贸协定，而中日又恰是区域内最大的贸易伙伴，因此 RCEP 的生效，对中日两国来说意义尤其重大。

RCEP 的正式签署，不仅诞生了全球最大的自贸区，并且也是首个同时涵盖中日韩三个国家的自贸协定。《区域全面经济伙伴关系协定》也是日本关注的一个重点话题。这次对日本来说，最大的意义就在于首次和第一大贸易伙伴中国、第三大贸易伙伴韩国就自由贸易达成协定，中日韩之间的经贸关系有望进一步提升。

中韩两国都将在协定框架下，分阶段撤销对大约九成日本工业制品设定的关税，这一点是日本经济界最为期待的内容。尤其是汽车零部件等日本优势较大的行业，对中国出口的部分产品将在协定生效时直接降到零关税。另外，除了大米、小麦等 5 项重要农产品外，日本将对来自中韩两国的大约五成农产品逐步撤销关税，这也会让日本消费者获得更多实惠。

长期以来，中日互为重要的农业贸易合作伙伴。尤其是中国加入世贸组织后，中日农产品贸易一度快速增长。但随着日本与泰国、越南等签订自贸协定，对我国造成贸易转移，加之日本实行农残"肯定列表"制度等技术性贸易措施影响，导致我国对日农产品出口出现一定程度的下滑。根据中国海关数据，中国对日农产品出口额从 2010 年的 57.4 亿美元增至 2012 年的 120.2 亿美元，随后出现下降，2019 年降至 103.8 亿美元，2020 年下滑至 96.4 亿美元，首次跌破 100 亿美元关口。这一状况在 2021 年则出现了新的变化。随着新冠疫情在全球范围内率先得到控制，对日农产品出口出现恢复性增长。2021 年前 11 个月，我国对日出口农产品 94 亿美元，同比增加 6.6%，预计全年将重返 100 亿美元以上水平。

RCEP 谈判中，日本虽然守住了大米、小麦等 5 种重要农产品不减税，但我国具有出口优势的水产品、蔬菜、水果等领域几乎接近全面取消关税。其中，水产品关税为 10%、水果为 17%、果汁为 30%，这些关税一旦取消，对我国出口企业而言将是巨大"红利"。根据测算，RCEP 生效后，日本农业将让出 5629 亿日元（折合 51.4 亿美元）的市场，其中蔬菜和水果为 856 亿日元（折合 7.82 亿美元），占 15.2%。

当然，RCEP 生效后，也会有越来越多来自伙伴国的农产品进入中国市场。日本农产品对中国出口额基数小，但增长势头十分迅猛。2010 年这一数额尚不足 3 亿美元，2020 年已达 12.8 亿美元，2021 年前 11 个月又暴涨至 17.6 亿美元，同比增长 38.5%，甚至日本政府还制定了五年内对中国农产品出口额翻两番的目标。但细看出口产品种类，就会发现大部分是扇贝、清酒、威士忌、饮料及糕点等加工食品，价值虽高但总量不大，很难对国内农产品产生冲击，反而可能倒逼中国农业高质量发展，成为提升国内农产品竞争力的动力。从保障粮食安全和促进居民消费升级视角来看的话，消费质量更高、更具多样性的产品，也有利于提升居民营养健康水平。例如，日本清酒普通关税达到 40%，RCEP 协定生效后关税立即降到零。中国消费者之前买一瓶日本清酒是 280 元，现在可能不到 200 元就能买到。

除了关税降低外，通关也会更加便利。如蔬菜、水果等生鲜农产品，各国相互之间承诺力争 6 个小时通关，也就是说第一天在中国采摘下来的水果蔬菜，第二天就能送到日本老百姓的餐桌上了。RCEP 协定还有一个原产地累积规则，有利于国际分工合作，促进中国与域内国家互相合作，共同把中国农产品价值链做得更长，进一步提升农业出口竞争力。

综上所述，RCEP 的生效从短期来看，有机遇也有挑战；从长期来看，它必将增强中国产业发展活力。中国只要充分利用好它的各项规则，就能够更快地把挑战转化为机遇。

RCEP 生效还有一个重大意义在于促进中日韩自贸区谈判的进程。由于复杂的地缘冲突、历史认识、领土争端等问题，中日韩作为东亚地区三大重要经济体，在自贸协定谈判道路上一波三折，始终无法达成一体化协议。RCEP 的签署为中日韩自贸协定的谈判奠定了良好基础，在 RCEP 大框架下，中日韩自贸谈判中诸多障碍性因素都有望得以突破。

第三节　RCEP 对中韩贸易往来的影响

《区域全面经济伙伴关系协定》于 2022 年 2 月 1 日起对韩国生效。值得注意的是，由于 2022 年初 RCEP 已在中国和日本生效，RCEP 也是首个将中日韩全面纳入的自贸协定。对此，RCEP 首次在中日韩三国间建立了自贸关系，对于东亚区域经济一体化的意义不言而喻。

中韩贸易投资往来密切，双方在电子、机械、汽车、纺织等领域有着广泛的合作。在 RCEP 中，中韩双方均做出高水平开放承诺，为两国贸易投资自由化、便利化创造了更好的条件，有利于推动双边贸易投资高质量发展。

根据 RCEP 协定，中国将对 86% 的韩国产品关税最终降为零，其中 38.6% 的韩国产品关税将在协定生效时立即降为零；韩国对 86% 的中国产品关税最终降为零，其中 50.4% 的中国产品关税将在协定生效时立即降为零。RCEP 对韩国生效后，如中国对韩国产的纺织品和不锈钢等产品的进口关税将逐步削减到零，对韩国产的发电机、汽车零部件等将实行部分降税。

韩国对中国的农产品进口做出重要开放，比如中国产的鹿茸、糊精、改性淀粉等产品将立即实施零关税，对中国产的干贝等也将实行更低税率。作为传统的鹿茸消费大国，韩国是中国鹿茸的主要出口对象，占中国出口总量约 80%。RCEP 生效后，未来中国出口至韩国的鹿茸的关税将降至零，这是韩国给予所有自贸协定中的最优待遇。RCEP 生效后，对于成员国实行更低的关税率，使中韩两国的传统优势产业得到更多出口机遇，中国的机械装备、电子信息、化工以及韩国的钢铁、汽车和化工等产业都会受益。

海关总署的数据显示，2021 年中国对韩进出口额约为 2.34 万亿元人民币，增长 18.4%。韩国已成为中国第五大贸易伙伴。中国对韩直接投资也从 1992 年的约 110 万美元增加到了 2020 年的 3.6 亿美元。2015 年 12 月 20 日中韩自贸协定（FTA）的生效，成为中韩贸易合作的一个重要时刻。目前，中韩双边贸易已历经多轮降税。

值得注意的是，RCEP 将实现比目前中韩 FTA 更高的关税减让。因此，对于 RCEP 与中韩 FTA 并存对企业的影响，韩国国际贸易协会解释道，韩国已和很多国家签署 FTA，RCEP 签署后，对韩国企业来说，可利用的 FTA 选项会变多。比如，韩国一件产品进入中国，那么就有中韩 FTA 和 RCEP 的规则可供利用，韩国可以选择对自己最有利的条款。这一模式反过来也适用于中国企业。

近年来，随着中国制造业竞争力的提升，韩国企业也不断加快升级在中国制造业生产线的步伐，加大对高新技术产业领域的投资，开始建设数字化和智能化研发中心，因此中韩产业合作的领域不断扩大，产品附加值也大幅提升。

中韩间贸易量的增长也导致了质的变化。几十年来双方交易的商品从钢板、纤维等单纯的轻工业及重化学商品为主，逐渐转变为以半导体为首的高附加值中间材料为中心，尤其是中国制造业的尖端化使两国在中高级技术产业领域的出口竞争加剧。

2021 年 12 月韩国贸易协会国际贸易通商研究院发表的《中韩建交 30 周年贸易结构变化和启示》中分析称，两国的贸易结构正在由分工化的互补结构转变为相互竞争结构。报告显示，由于中韩出口竞争激化，世界中高技术产业中的出口相似度指数（ESI）已从 2011 年的 0.347 上升到 2021 年 9 月的 0.390。同期，尖端技术产业的 ESI 则从 0.527 降至 0.448。出口相似度指数（0-1）是测定出口结构的相似程度，越接近 1，说明两国间的出口结构越相似。

通过 RCEP 条款，中韩两国贸易不仅能享受条款带来的低关税率待遇，还能通过其他条款，如市场准入、贸易争端解决机制、原产地规则等来进一步开拓区域市场，降低资源配置成本，优化产业结构。相对而言，RCEP 更重要的意义在于重塑亚洲的供应链。在这个过程中，中国和韩国的企业有可以合作的领域，也有冲突的领域。而这也是 RCEP 生效以后需要密切关注的。

目前中日韩三国都在抢占东盟这个大市场。中国海关总署数据显示，自 2020 年以来，东盟已成为中国最大贸易伙伴。RCEP 形成了统一大市场，进一步深化了包括中日韩在内的亚太产业链供应链关系，将有助于发挥各自优势和产业互补性，深化高端产业链供应链合作，不断提升区域内国家贸易投资合作水平。通过 RCEP，中日和日韩之间形成了自由贸易关系，这对中日韩三方探索自由贸易协定带来积极影响。这是韩国与日本达成的首个自贸协定，基于 RCEP，日韩两国的商品关税取消率各为 83%。与其他成员国之间 90% 以上的取消率相比，这个数字较低，原因在于两国排除了汽车和机械等敏感项目。

RCEP 比中日韩 FTA 先签订，其实也表明了中日韩之间竞争与合作并存的关系。如何在东盟市场协力合作实现共赢，也是中韩在建交 30 周年以后面临的重大经济课题。

至于日韩双边关系近些年来出现波折是否会影响中日韩三边的合作，尽管日韩两国在一些问题上存在分歧，但中日韩三国形成自由贸易区的愿望并没有改变，未来中日韩将继续推动自由贸易谈判，相信不久的将来能够实现这一目标。

中日韩自贸区的构想自 2002 年提出以来，截至 2022 年底已进行了 16 轮谈判。虽然目前因为某些政治因素而终止，但是基于 RCEP 提供的基础，中日韩自贸协定未来可期。

第四节　RCEP 如何影响中日韩 FTA

中日韩 FTA（CJKFTA）与中韩 FTA（CKFTA）均为东亚经济整合的一部分。东亚经济整合的概念于 20 世纪末在东亚地区日渐形成，到 21 世纪初已先后完成以东盟为主的五个东盟加一 FTA，但东亚国家间应有更大规模的整合一直是东亚经济整合的目标，而中日韩是东亚最重要的经济体，因此中日韩 FTA 是东亚地区能否更具体整合的关键。但是由于众多因素，中日韩之间的经济整合发展缓慢，中韩 FTA 则只涉及双方的意愿，故得以先予启动。

根据中日韩 FTA 官方研究报告指出，中日韩 FTA 可有效促进三国之间贸易和投资，使三国在全面的制度性框架之下展开广泛的三边合作，是东亚区域经济整合重要的里程碑。但是由于三国经济发展及产业结构不同，研究报告也特别指出中日韩 FTA 谈判应充分考量对方的敏感领域；未来协商范围将涵盖货物及服务贸易、投资，以及食品安全检验与动植物防疫检疫措施、技术性贸易障碍、知识产权、透明度、竞争政策、争端解决、产业合作、消费者安全、电子商务、能源和矿产资源、渔业、食品、政府采购和环境等其他议题。

已经生效的 RCEP，为谈判多年而举步维艰的中日韩 FTA（自由贸易协定）谈判做好前期铺垫。对外贸依存度高是中日韩三国经济的共同特征，作为东亚地区三大重要经济体，利益诉求差异和产业结构相似等是中日韩 FTA 谈判道路上的障碍因素。在 RCEP 降低贸易壁垒和投资壁垒的大平台下，中日韩自贸谈判中涉及的诸多问题得以突破，未来将聚焦于在探索新产业链关系、增强政治互信等方面发力。

三方想要达成的意愿都还比较强，但各自立场出发点的不同导致一些深层次问题使谈判进展比较慢。谈判主要面临三方内部及区域外因素带来的困难。

相较于 RCEP 而言，中日韩 FTA 在货物贸易、服务贸易的开放深度上还将进一步提升。中日韩 FTA 的一些困难问题可以在 RCEP 大平台得以解决，后续则需三国聚精会神解决剩下部分的问题，后续的谈判就简化了很多内容。

　　虽然中国此前已签署了几项双边贸易协议，但 RCEP 的签订是中日韩三国首次出现在同一多边贸易协定下，在消费方面，中国下调关税将吸引区域内进口。中国将继续推动贸易和投资自由化便利化，同更多国家商签高标准自由贸易协定，积极参与多双边区域投资贸易合作机制，打造更高水平的开放型经济。

　　不同于初级产品的贸易合作，由于中日韩三国都是制造业发达国家，产业结构关系较为复杂，涉及标准问题、非价格竞争力，以及产业链、中小企业等诸多方面，如何在竞争中寻求合作、探索新的产业链关系是重要议题。

　　当下的中国劳动力成本上升、经济转型升级，过去以加工贸易为主所形成的三国价值链也在发生微妙变化，中日韩 FTA 有助于推动三方形成新的价值链关系，以共同维护供应链安全稳定为重点，推动形成三国制造业分工合作的新机制。

　　除了关税减让、贸易便利化自由化等必要的规定动作，中日韩 FTA 谈判应更聚焦在共同发展方面，侧重于如何做大蛋糕。中日韩之间竞争主要存在于制造业，包括化工、电子等。RCEP 的意义实际上在于中日韩，特别是中日首次建立直接的自由贸易区关系，在中国对日出口的主要商品类别中，纺织品可能是收益最大的行业领域。

　　政治互信仍是推进中日韩 FTA 的最大前提，从现实来看，尽管三国间的经贸往来和人员交流日益密切，但地缘政治等因素导致三国关系复杂交织，在外部环境压力日渐凸显的情况下，三方更需以经济合作带动全方位合作，也为政治互信发挥正面效应。

　　而一年一度的中日韩三国首脑会议也成为三国 FTA 进展的重要风向标。2020年末召开的第八次中日韩领导人会议发表《中日韩合作未来十年展望》，并通过了"中日韩+X"早期收获项目清单等成果文件，令中日韩 FTA 有了乐观预期。

第十章　前景展望

第一节　中日韩 FTA 达成的可能性

过去，单边贸易保护壁垒叠加新冠疫情干扰，国际自由贸易体系备受冲击，如何抱团合作达到自身经济利益最大化，是多边自由贸易协定的内涵所在。

考虑到日本是 CPTPP 最为积极组织、并最终促成协议签署的重要成员国，加之中国、日本同在 RCEP 框架内首次建立了直接的自贸协定关系，预计中日贸易关系在未来的全球贸易关系中的重要性有望进一步凸显。不断深化的中日贸易—投资—技术合作关系，对于外部环境日趋紧张的中国，以及制造业面临空心化和产业进步有所停滞的日本而言，都具有战略意义。

第二节　中日韩自由贸易区的前景展望

进入 21 世纪以来，区域经济合作日益成为全球经济发展的主题之一，东亚在全球经济增长中发挥着重要作用。作为该地区的重要国家，中日韩三国对建立自由贸易区有着由来已久的共同愿望，从 20 世纪 90 年代中期开始，中日韩三国的各种双边和多边经济合作形式不断涌现，反映了三国都看好区域经济合作的发展前景。

在《区域全面经济伙伴关系协定》（RCEP）于 2022 年 1 月 1 日生效后，可为一直以来无实质进展的中日韩 FTA 带来新动力。但是 RCEP 的达成，并不意味着中日韩自由贸易区没有必要继续推进。

回顾中日韩 FTA 在 2013 年启动谈判至今，已进行 16 回合谈判仍未达成一致。不过在三国都有参加的 RCEP 生效后，虽然零关税比例低于《全面与进步跨太平洋伙伴关系协定》（CPTPP），但仍成功联结了过去无优惠经贸协定关系的中国—日本及日本—韩国之双边贸易，也等同于中日韩 FTA 自由化基础向前推进，使三方 FTA 谈判前景再次受到关注。

一、中日韩建立 FTA 具备诸多有利条件

中日韩不仅在全球经济中占有重要地位，三国因处于不同的发展阶段，经济上具有很强的互补性，具有加快经济一体化、建立自由贸易区的有利条件。

（一）中日韩三国在全球经济中占有重要地位

中日韩三国既是亚洲经济的支柱，也是全球重要的经济体，三国占东亚地区 GDP 的 90%，占亚洲的 70%。而且，中日韩也是全球第二、第三和第十二大经济体，约占全球经济总量的 20%。

从贸易规模看，2014 年，中日韩出口总额和进口总额分别约为 3.6 万亿美元和 3.3 万亿美元，占全球的 19.5% 和 17.7%，贸易总额约 6.9 万亿美元，占全球贸易总量的 1/3。三国的直接投资流入量为 1405 亿美元，占全球的 11.4%；流出量为 2601 亿美元，占全球的 19.2%，三国经济规模在全球仅次于欧盟和北美自由贸易区。

（二）中日韩三国经济贸易联系非常密切

中日韩三国是处于不同发展阶段的经济大国，经济互补性强、合作潜力巨大，互为重要的经贸合作伙伴和目标市场。目前，日本和韩国分别是中国第五大和第六大贸易伙伴国，中国则连续多年是日本和韩国最大的贸易伙伴；日本与韩国分别是对方的第三大贸易伙伴国。

据统计，截至 2014 年底，日本和韩国对中国实际投资金额分别为 986.3 亿美元和 599.1 亿美元，分别是中国利用外资最大来源国和第三大外资来源国。而三国相互投资仅占三国对外投资总量的约 6%，对外贸易依存度仅为 21% 左右，

与欧盟的 64.8% 和北美自由贸易区的 40.3% 差距巨大。中日韩联合研究报告预测,一旦中日韩建立 FTA,三国经济都将获益:中国 GDP 增长 1.1%~2.9%,日本增长 0.1%~0.5%,韩国增长 2.5%~3.1%。

因此,建立中日韩自贸区,在一个全面的制度性框架下就广泛内容展开三边合作,在东亚区域经济一体化进程中具有里程碑式的意义。

(三) 中日韩曾经对建立三国 FTA 均持积极态度

中日韩三国高度重视多边框架下的贸易自由化进程,对推进多回合谈判持积极态度。同时,中日韩三国也积极参加 FTA,将其视为促进贸易自由化的补充路径。

中国已经签署了 14 个自由贸易协定,并积极与海湾合作委员会等 29 个国家和地区进行 FTA 谈判,积极加快实施自由贸易区战略,构建面向全球的高标准自由贸易区网络。

日本已经签署 15 个经济伙伴协定(EPA)。特别签署 CPTPP 显示其大力推进对外开放战略的决心。韩国与美国等国家和地区签署的 FTA 已经生效,还在与 12 个国家和地区进行 FTA 谈判,且表示考虑加入 CPTPP。

因此,中日韩建立 FTA,不仅符合三国的经济发展利益,而且有助于推动东亚一体化的发展进程乃至全球区域经济合作的发展,进而推动世界经济,实现全球共同富裕的发展目标。

二、建立中日韩 FTA 意义重大

中日韩 FTA 建立将成为拥有 15 亿人口的大市场,不仅对推动全球经济发展发挥重要作用,而且有助于中日韩三国更好地应对全球经济波动给三国造成的冲击。

(一) 有助于推动全球区域经济合作发展

作为全球最具活力的东亚地区,中日韩互为重要的贸易投资伙伴,在全球产业链分工中保持着密切的合作关系,且经济总量约占全球的 20%。如果中日韩三国能够真正达成一致建立 FTA,不仅充分发挥各自优势,成为推动东亚区域经济合作的有力因素,进一步促进亚洲地区的繁荣和发展,也会相应地推动经济全球化的发展进程。

（二）有助于缓解紧张的政治环境

2012 年 11 月，在中日、日韩双边政治关系紧张的情况下，中日韩三国仍启动了自贸区谈判，其意义非常重大。这表明三国都高度重视中日韩 FTA 建设，在政治关系陷入僵局的情况下，都希望以经促政，以经济领域的对话为突破口来降低对抗程度。

2015 年 11 月初，中日韩三国首脑峰会在韩国首尔举行，三国确认要加快 FTA 谈判进程，这对保持三国之间的接触、增强中日韩之间的信任、促进三方的合作、推动三国尽早达成中日韩 FTA 将发挥积极作用。

三、中日韩 FTA 发展面临的挑战

应该看到，尽管建立中日韩 FTA 可以给三国带来许多益处，对推动亚太地区以及世界经济发展将发挥重要作用，但是，三国受各自经济、社会、政治等诸多因素制约，建立中日韩 FTA 面临的挑战也不容忽视。

（一）政治因素有可能成为中日韩 FTA 建立的最大障碍

政治上缺乏相互信任是谈判最大的障碍，没有互信和平稳的政治关系，开展谈判就存在着不确定因素，这是中日韩 FTA 谈判中需要认真考虑的重要政治因素。日本政府对过去的历史缺乏深刻的反省和认识，成为三国经贸合作中的不和谐因素。冷战已结束多年，但影响因素并未完成消除，冷战思维仍在东北亚地区存在，这非常不利于中日两国关系的发展和建立良好的政治互信。

（二）美国力图主导亚洲区域经济合作

美国主导的跨太平洋伙伴关系协定（TPP）被用来作为其撬开亚洲市场、牵制中国影响力的重要抓手。现在，TPP 的修改版 CPTPP 已经达成协议，CPTPP 在减让关税方面也取得了重要进展。美国在不断强化其在东亚地区的影响力，为东亚经济一体化平添了更多变数。

（三）敏感领域的谈判面临较多困难

中日韩三国都有各自关注的重点和敏感领域，如传统产业和服务业方面，日韩具有先发优势，在知识产权、环保等方面与中国有较大的利益差别。特别是影响中日韩建立自由贸易区的重要因素之一的农业领域，在中日韩 FTA 谈判过程中，如果日韩不在农产品进口市场方面做出一定的妥协，三国建成自由贸易区的

进程将比较艰难。

四、前景展望

从现实情况看，建立中日韩 FTA 有以下几种可能性：

一是经过几轮谈判，中日韩三国签署比较全面、水平很高的 FTA。应该说这是三国都希望看到的结果，但从实际情况看，可能性不大。原因是日本刚签署 CPTPP，其涉及的内容和领域远超过正在谈判的中日韩 FTA。从日本的角度出发，签署中日韩 FTA 必然不能与已签署的 CPTPP 相差太大。从日韩看，其 FTA 谈判尽管起步较早，但现在却处于停滞状态，双方能否弥补谈判中的分歧也并不乐观。中韩虽然已签署了 FTA，但还有许多双方关注的领域仍需要下一步谈判解决。三国如果想取得重大进展，需要在关键性问题上做出重大让步，而这种妥协涉及三国政府、产业界等各方面，将会面临很大的阻力。因此，短时期内中日韩达成协议不易。

二是先期达成彼此都能接受的协议，并同意继续展开谈判为签署更高水平的协议努力。这种可能性最大，因为中日韩三方都有意愿希望达成 FTA，如果中日韩三方政府都做出最大努力，尽量缩小三方分歧，充分照顾到各自的利益和诉求，同时，不拘泥于形式，在三方认可的领域达成一致，并同意分阶段达成协议，为推动中日韩三方达成 FTA 打下一定基础，也有助于三国进行充分的协商谈判，最终签署具有较高水平的中日韩自由贸易协定。

三是中日韩三方无法在关键性问题上达成协议，导致谈判久拖不决甚至停滞。中日韩 FTA 的谈判迄今为止已经举行了八轮谈判，谈判历程已属不易，但取得的成效比较有限。其间中韩两国提出因"发展程度和竞争力不及日本"，希望在工业产品等撤销进口关税方面承受的负担轻于日本，日方就已经明确拒绝。从中可以看出，中日韩三方想要达成协议面临的困难很大。如果不能做出妥协，谈判可能会出现类似日韩 FTA 的结果，久拖不决，甚至可能陷入僵局。

当今世界，区域经济合作发展仍是大势所趋，各国都积极加入到区域经济合作中，中日韩作为全球和东亚地区的重要经济国家，加强区域经济合作可以给三国带来更多的福祉。因此，从未来发展的大局和各自条件出发，中日韩三国采取"先期达成彼此都能接受的协议，并同意继续展开谈判为签署更高水平的协议努力"这一方案最为现实可行。

第三节　中日韩 FTA 的红利期待

由于中日韩是亚洲地区最重要的三大经济体，三国 FTA 机制所产生的外溢性红利将格外显著。2021 年，中日韩对外出口的和约占东亚地区总出口的 70%，进口占 67%，且三国在东亚区域内贸易占比接近 60% 以上；投资上，中日韩吸引外来直接投资总额约占东亚整体的 40%，对外直接投资的和占东亚对外直接投资的 68%。因此，中日韩 FTA 一旦建成，在有力带动整个东亚地区经济繁荣的同时，更能为东亚经济共同体的建构打下较为宽厚与扎实的基础。不仅如此，中日韩处在东北亚经济圈中，其中中国与东北亚地区五国（另外两国为蒙古国与俄罗斯）贸易额合计约 7586 亿美元，且中国是五国的最大贸易伙伴，同时日本和韩国分别是东北亚地区第二和第三大贸易伙伴，因此，中日韩 FTA 一旦落地，也将直接带动东北亚地区经济与贸易总量的扩张。相关研究显示，中日韩 FTA 将使东北亚五国 GDP 增长 2%。

一旦自贸区正式成立，将有效激活亚洲自贸区的组合能量。RCEP 已经正式生效，世界上涵盖人口最多、区域最广、成员最多元的自贸区在亚洲落地；同时，印度、孟加拉国以及巴基斯坦等八国组成南亚区域合作联盟也在推进中，如果再加上中日韩 FTA，整个亚洲国家朝着更高层次自由贸易区发展的可能性升高，至少由于成员国身份在以上三大经济板块中互有重复，未来围绕着亚洲自贸协定谈判的障碍会显著减少，亚洲出现如同北美和欧洲那样的自贸协定值得期待。

当然，回过头去看中日韩 FTA 谈判进程，从中方提出构建中日韩自由贸易协定建议并得到韩国与日本政府响应，虽然三国围绕 FTA 经历了 16 轮谈判，中间还有 9 次中日韩外长会议与 8 次三国首脑会议都在为自贸协定铺垫，但时至今日中日韩 FTA 没有形成一个初步的框架，其推进过程不仅慢于各自双边自贸协定谈判速度，同时比区域外的同期其他 FTA 谈判也要曲折，由此可见中日韩 FTA 存在不小的障碍。

除了中日韩依旧在汽车、钢铁、石化等传统产业领域存在着明显的市场竞争外，近些年来中国制造业转型与产业结构升级步伐加快，在家电智能化、通信技术以及芯片设计等高端产业也与日本与韩国形成了明显博弈，与此同时，一些敏感领域如农产品贸易、服务贸易等领域的分歧在三国之间依然不同程度地存在，中日韩要在新的国际与区域产业分工中寻求到力量均衡与协同显然并非易事。而更重要的是，历史与政治因素往往构成三国自贸协定谈判的主导因素，而不是经济上的得失。

虽然美国前特朗普政府完全抛弃了多边自由贸易安排 TPP（跨太平洋伙伴关系协定），但美国对亚太地区的干预与影响力依然存在。与此同时，尽管 TPP 遭到了废弃，但日本却另起炉灶挑头建立起了 CPTPP，而且日本倚重美国市场的思维并没有改变，同时凭借着东盟"10+3"形成的关税优势，日本也能从中国与韩国享受到不少的贸易便利，也正因为如此，日本在推进中日韩 FTA 方面始终不能表现出积极而主动的态度。不仅如此，日本与中国、日本与韩国的历史阴影以及由此产生的较低的政治互信度也增加了 FTA 安排的不确定性。

但是，相比于周边阻力而言，围绕着推进中日韩 FTA 所逐步积累或者已经趋向成熟的条件也正在增加。一方面，中日韩在多边自贸协定的认知上具有高度一致性，且三国在各自自贸协定建设上积累了不少经验，技术上不存在任何障碍，而且在"10+3"框架中以及清迈协议机制下，三国之间获得了更多了解与沟通的渠道，所共同发生的作用越来越大，合作的价值不断提升；另一方面，RCEP 的生成对日本产生了不小的推动作用，由于中韩 FTA 和中澳 FTA 分别对日本出口到中国的家电、汽车和海产品形成不小冲击，再加上 RCEP 创造出的更低贸易门槛，韩国与澳大利亚产品对日本出口到中国的产品所构成的挤压势必进一步增强；与此同时，在 RCEP 机制的作用下，泰国的大米等农产品也必然对日本出口到中国的相应品类造成直接替代，在多方反压与夹击下，日本不能不掂量中日韩 FTA 的紧迫性与重要性。更为重要的是，原对日本十分敏感的农产品贸易已随着 CPTPP 的签署大幅下降。公开资料显示，CPTPP 成员间农产品开放度极高，其中日本的农产品开放度达 85% 以上，相比中国与韩国来说已经是最高水平，而只要日本不在农产品贸易层面斤斤计较，中日韩 FTA 就有加速的可能。

参考文献

［1］曾寅初．中日韩农产品贸易的结构特征及变化趋势［R］．中日韩"WTO 与农业发展会议"国际学术研讨会背景材料，2020.

［2］Larry Sanders，MikeWoods，Warren Trock，Hal Harris. Local Impacts of International Trade［J］. Increasing Understanding of Public Problems and Policies，1994：135-149.

［3］刘家磊，么冬梅．东北亚国家农产品贸易的发展变化及对中国的影响［J］．黑龙江社会科学，2010（12）：28.

［4］李俊江，邓敏．中、日、韩农产品贸易争端分析及中国的对策［J］．东北亚论坛，2004（1）：3.

［5］陈中福，中安章．中日农产品贸易问题分析与营销对策［J］．中国农村经济，2011（7）：90.

［6］曹昱．理想的贸易增长路径和中国的贸易动力转换［J］．天津财经学院学报，1999（8）：51-55.

［7］程漱兰，董筱丹，金志勇，李彦敏，崔日．中国与东北亚地区各国和地区农业资源整合前景［J］．经济研究，2017（7）：81.

［8］蓝庆新．中国贸易结构变化与经济增长转型的实证分析及现状研究［J］．经济评论，2010（6）：9.

［9］孙志斌，李威．中国出口贸易增长的动因分析——论比较优势和收益递增在促进我国出口中的作用［J］．商业研究，2011（8）：176.

［10］多米尼克·萨尔瓦多．国际经济学［M］．北京：清华大学出版社，2008.

［11］李坤望，薛敬孝．APEC 区域内贸易增长的因素分析［J］．世界经济，

2018（1）：13.

[12] Jacob Viner. Studies in the Theory of International Trade ［M］. New York，Carnegie Endowment for International Peace，1950.

[13] 代谦，何祚宇. 国际分工的代价：垂直专业化的再分解与国际风险传导［J］. 经济研究，2015（5）：30.

[14] 白远，范军. 国际经济合作理论与实务［M］. 北京：高等教育出版社，2015.

[15] 鲁静芳. 探索多元化多渠道的扶贫脱贫新路［J］. 人民论坛，2017（11）：80.

[16] 朱行. 日本农业发展近况［J］. 粮食流通技术，2008（2）：40.

[17] 农业农村部，2022 中国农业农村经济简况［M/OL］. 北京：中国农业出版社，2022. http：//zdscxx. moa. gov. cn：8080/misportal/public/newPublicationRed Style. jsp.

[18] 国务院发展研究中心对外经济研究部. 中韩区域贸易安排中的贸易便利化［R］. 2009［2022 - 12 - 29］. https：//www. drc. gov. cn/DocView. aspx？chnid = 386&leafid = 1339&docid = 34172.

[19] 史惠慈，刘碧珍. 推动中韩 FTA 的经济思维［J］. 海峡科技与产业，2007（7）：9.

[20] Marcus Noland，Howard Pack. Industrial Policy in an Era of Globalization：Lessons from Asia［M］. New York：Peterson Institute for International Economics，2003.

[21] Bela Balassa，Marcus Noland. "Revealed" Comparative Advantage in Japan and the United States［J］. Journal of Economic Integration，1989，9，4（2）：8-15.

附录　RCEP 关于货物贸易部分的规定^①

第一节　总则和货物市场准入

第一条　定义

就本章而言：

（一）领事事务指一缔约方拟向另一缔约方领土出口的货物必须首先提交该进口缔约方在出口缔约方领土内的领事机构进行监管的要求，以获得商业发票、原产地证书、舱单、货主出口声明，或进口要求的或与进口相关的任何其他海关文件的领事发票或领事签证；

（二）关税指与某一货物的进口有关而征收的任何关税或进口税以及任何种类的费用，但不包括任何：

1. 以与 GATT1994 第三条第二款的规定相一致的方式征收等同于一国内税的费用；

2. 以与 GATT1994 第六条、《反倾销协定》和《补贴与反补贴措施协定》的规定相一致的方式适用的反倾销税或反补贴税；或者

3. 与所提供服务的成本相当的规费或其他费用。

---

① 商务部网站．区域全面经济伙伴关系协定（RCEP）［EB/OL］．［2023-02-15］．http：//fta. mofcom. gov. cn/rcep/rcep_ new. shtml.

（三）货物的完税价格指用于征收进口货物从价关税的货物的价格；

（四）免税指免征海关关税；

（五）进口许可程序指作为进口至进口缔约方领土的前提条件，要求向进口缔约方相关行政机构提交除一般海关通关所需的单证外的申请或其他单证的行政程序；以及

（六）原产货物是指根据第三章（原产地规则），具备原产货物资格的货物。

第二条　范围

除本协定另有规定外，本章应当适用于缔约方之间的货物贸易。

第三条　国内税和国内法规的国民待遇

每一缔约方应当根据 GATT1994 第三条给予其他缔约方的货物国民待遇。为此，GATT1994 第三条经必要修改后应当纳入本协定，并且成为本协定的一部分。

第四条　关税削减或取消

一、除本协定另有规定，每一缔约方应当根据附件一（关税承诺表）中的承诺表削减或取消对其他缔约方原产货物的关税。

二、为进一步明确，根据《WTO 协定》，如果一缔约方针对其他缔约方的原产货物所实施的最惠国关税税率低于该缔约方在附件一（关税承诺表）中承诺表规定的关税税率，其他缔约方的原产货物在进口时应当有资格适用该缔约方针对这些货物实施的最惠国关税税率。在遵循其法律法规的情况下，每一缔约方应当规定，在进口商进口时未提出较低税率请求的情况下，该进口商可以申请退还为某一货物多缴纳的任何关税。

三、对于第四章第五条（透明度）第一款第（二）项，每一缔约方应当在可行的范围内尽快但不迟于实施之日，使其所实施的最惠国关税税率和根据第一款所适用的最新关税的任何修正可公开获得。

第五条 加速关税承诺①

一、本协定的任何规定不得妨碍缔约方根据第二十章第四条（修正）对本协定进行修正，以加速或改进附件一（关税承诺表）中其承诺表所列的关税承诺。

二、两个或两个以上的缔约方②可以基于共识，就附件一（关税承诺表）中其承诺表所列的关税承诺的加速或改进进行磋商。加速或改进这些缔约方之间关税承诺的协定应当通过根据第二十章第四条（修正）对附件一（关税承诺表）中的承诺表进行修改来实施。任何此类关税承诺的加速或改进应当被扩展至所有缔约方。

三、一缔约方可以在任何时间单方面加速或改进附件一（关税承诺表）中其承诺表所列的关税承诺。任何此类关税承诺的加速或改进应当扩展至所有缔约方。该缔约方应当在新的优惠关税税率生效前尽早通知其他缔约方。

四、为进一步明确，在一缔约方单方面加速或改进第三款所提及的关税承诺后，该缔约方可以提高其优惠关税水平，但不得超过附件一（关税承诺表）中其承诺表所列的该相关年度的优惠关税税率水平。该缔约方应当在此类日期前尽早通知其他缔约方新的优惠关税税率的生效日期。

第六条 关税差异

一、在存在关税差异③的原产货物的出口缔约方是其 RCEP 原产国的情况下，该原产货物应当适用附件一（关税承诺表）中进口缔约方对该出口缔约方承诺的优惠关税待遇。

二、原产货物的 RCEP 原产国应当为该货物根据第三章第二条（原产货物）获得其原产资格时所在的缔约方。对于适用第三章第二条（原产货物）第（二）项的原产货物，其在出口缔约方的生产工序超出第五款所列的微小加工的情况下，其 RCEP 原产国应当为出口缔约方。

---

① 为进一步明确，本条应当仅适用于本协定项下的关税承诺。

② 就本款而言，"两个或两个以上的缔约方"指部分而非所有的缔约方。

③ 缔约方理解，"关税差异"指一进口缔约方对同一原产货物适用不同的关税待遇。

三、尽管有第二款的规定，对于一进口缔约方在附件一（关税承诺表）附录所列的原产货物，在该货物符合附录规定附加要求的情况下，其 RCEP 原产国应当为出口缔约方。

四、根据第二款和第三款，原产货物的出口缔约方未能被确立为 RCEP 原产国的情况下，该原产货物的 RCEP 原产国应当是，为该货物在出口缔约方的生产提供最高价值原产材料的缔约方。在这种情况下，该原产货物应当适用进口缔约方对其 RCEP 原产国承诺的优惠关税待遇。

五、就第二款而言，"微小加工"指下列任何操作：

（一）为确保货物在运输或储存期间保持良好状态而进行的保存操作；

（二）为运输或销售而对货物进行的包装或展示；

（三）简单①加工，包括过滤、筛选、挑选、分类、磨锐、切割、纵切、研磨、弯曲、卷取或开卷；

（四）在货物或其包装上粘贴或印刷标记、标签、标识或其他类似的用于区别的标志；

（五）仅用水或其他物质稀释，不实质改变货物的特性；

（六）将产品拆分成零件；

（七）屠宰②动物；

（八）简单的喷漆和抛光操作；

（九）简单的去皮、去核或去壳；

（十）同种类或不同种类货物的简单混合；或者

（十一）第（一）项至第（十）项所述的两种或两种以上操作的任意组合。

六、尽管有第一款和第四款的规定，进口缔约方应当允许一进口商申请享受下列优惠关税待遇之一：

（一）在进口商能够证明所有提供了原产货物生产所使用的原产材料的缔约方的情况下，进口缔约方对有关缔约方适用的最高关税税率。为进一步明确，上述原产材料仅指判定最终货物原产资格所涉及的原产材料；或者

---

① 就本款而言，"简单"用来描述既不需要专门的技能也不需要专门生产或装配机械、仪器或装备的行为。

② 就本款而言，"屠宰"指仅杀死动物。

（二）进口缔约方对其他缔约方同一原产货物所适用的最高关税税率。

七、尽管有第二十章第八条（一般性审议）的规定，缔约方应当在本协定生效之日起两年内开始审议本条，此后每三年或按照缔约方之间的约定，削减或取消本条所含要求以及一缔约方在附件一（关税承诺表）其承诺表中附录规定的税目数量和要求。

八、尽管有第七款的规定，对于一缔约方在附件一（关税承诺表）其承诺表中的附录，在另一国家或单独关税区加入本协定时，该缔约方保留对附录进行修改的权利，包括该附录的附加要求。上述修改应当经过所有缔约方的同意，并应当根据第二十章第四条（修正）和第二十章第九条（加入）生效。

第七条 商品归类

缔约方之间的货物贸易商品归类应符合协调制度。

第八条 海关估价

为确定缔约方之间贸易货物的完税价格，GATT1994 第七条的规定以及《海关估价协定》的第一部分和附件一解释性说明的规定经必要修改后应当适用。

第九条 过境货物

每一缔约方应根据 GATT1994 第五条第三款以及《贸易便利化协定》的有关规定，继续为来自或运往其他缔约方的过境货物提供清关便利。

第十条 货物的临时准入

一、每一缔约方应当按照其法律法规，允许被运入其关税区的货物有条件的全部或部分免于支付进口关税和国内税，如此类货物：

（一）为特定目的而运入其关税区；

（二）计划在特定期限内复出口；以及

（三）除因其使用所造成的正常折旧和磨损外未发生任何改变。

二、应相关人员的请求并且由于其海关认为正当的原因，每一缔约方应当将第一款规定的免税临时准入的期限延长至最初确定的期限之后。

三、任何缔约方不得对第一款规定的一货物的临时准入设定条件，除要求该货物：

（一）仅由另一缔约方国民或居民在其开展经营活动、贸易、专业或体育活动时使用或在其个人监督之下；

（二）在其领土内时不出售或租赁；

（三）附上一份金额不超过其他情况下入境或最终进口时应支付的关税、国内税、规费以及费用的保证金或者担保，在该货物出口时可返还；

（四）在进口或出口时可确认；

（五）除非延期，否则在第（一）项所提及的人员离境时，或在该缔约方可设定的与暂准进口目的相关的此类其他期限内出口；

（六）准许的数量不得超过其预期用途的合理数量；以及

（七）根据其法律法规，其他允许进入该缔约方领土的情况。

四、如一缔约方根据第三款的规定所施加的任何条件未得到满足，该缔约方可在其法律法规规定的任何其他费用或处罚之外，适用关税以及正常情况下对该货物收取的其他费用。

五、每一缔约方应当允许根据本条规定临时准入的货物经由其被进口的海关口岸以外的海关口岸①再出口。

第十一条 集装箱和托盘的临时准入

一、每一缔约方，根据其法律法规或该缔约方作为参与方的相关国际协定的规定，应当允许正在使用或被用于装运国际运输货物的集装箱和托盘的免税临时准入，不论其原产地。

（一）就本条而言，"集装箱"指一种运输设备货品（防水密封运货箱、移动式贮槽或其他类似结构）：

1. 全部或部分封闭，以构成用于装载货物的隔间；

2. 具有永久特性，并且因为足够坚固而适合重复使用；

3. 经特殊设计以便利装运货物，采用一种或多种运输方式而无需中途重新

---

① 对于老挝人民民主共和国，"海关口岸"是指国际海关口岸。

装卸;

4. 设计为可直接搬运,特别是从一种运输方式转换为另一种运输方式时;

5. 设计为易于装填和清空;以及

6. 内部体积为一立方米或大于一立方米。

在配件和设备随集装箱运输的情况下,"集装箱"应当包括与该集装箱箱型相适应的配件和设备。"集装箱"不得包括车辆、车辆配件或备件、包装或者托盘。"可拆卸的物体"应当被视为集装箱。

(二) 就本款而言,"托盘"是指一种可以通过其甲板将一定数量的货物组装成一个单元负荷以便运输,或在机械设备的帮助下进行搬运或堆叠的装置。这种装置由以托架分开的两层甲板构成,或由以垫脚支撑的单层甲板构成;其整体高度被降到最低,以与叉车或托盘车的搬运相适应;它可以有也可以没有上层结构。

二、在遵循第八章(服务贸易)和第十章(投资)的前提下,对于根据第一款临时准入的集装箱:①

(一) 每一缔约方应当允许自另一缔约方领土进入其领土的用于国际运输的集装箱,经由任何合理的与该集装箱的经济和快速离境相关的途径离开其领土;②

(二) 任何缔约方不得仅因为集装箱的进境口岸和离境口岸之间的差异,要求提供保证金或实施任何处罚或收取任何费用;

(三) 任何缔约方不得将经由任何特定口岸离境作为解除对进入其领土的集装箱征收的任何保证金的条件;以及

(四) 任何缔约方不得要求将集装箱自另一缔约方领土运至其领土的承运人,与将该集装箱运至该另一缔约方领土的承运人相同。

---

① 为进一步明确,本款中的任何规定不得影响一缔约方依照第十七章第十二条(一般例外)或者第十七章第十三条(安全例外)所采取或维持措施的权利。

② 为进一步明确,本项中的任何规定不得解释为阻止一缔约方采取或维持普遍适用的公路和铁路安全或保护措施,或者阻止一集装箱在该缔约方不设口岸的地方进入或离开其领土。一缔约方可以依照其法律法规向其他缔约方提供可以用于集装箱离境的口岸清单。

第十二条 无商业价值样品的免税入境

每一缔约方应当在遵守其法律法规的情况下，允许从其他缔约方领土进口的无商业价值样品免税入境，不论其原产地。

第十三条 农业出口补贴

一、缔约方重申 2015 年 12 月 19 日于内罗毕通过的《2015 年 12 月 19 日关于出口竞争的部长级决定》（WT/MIN（15）/45，WT/L/980）中所作的承诺，包括取消已计划的对农产品使用出口补贴的权利。

二、缔约方的共同目标是在多边框架下取消对农产品的出口补贴，并且应当共同努力阻止对农产品的出口补贴以任何形式被重新使用。

第十四条 关税承诺表的转换

每一缔约方应当保证为按照经定期修订的修订版协调制度的术语履行附件一（关税承诺表）而对其承诺表进行的转换，不损害附件一（关税承诺表）中所列关税承诺。

第十五条 减让的修改

在特殊情况下，如一缔约方在履行其关税承诺时面临无法预见的困难，该缔约方可以经所有其他利害关系缔约方同意，并经 RCEP 联合委员决定，修改或撤销附件一（关税承诺表）其承诺表中所涵盖的减让。为寻求达成此类同意，拟修改或撤销其减让的缔约方应当通知 RCEP 联合委员会，并且与任何利害关系缔约方进行谈判。在此类谈判中，拟修改或撤销其减让的缔约方应当维持对等且互惠的减让水平，并且其对所有其他利害关系缔约方的减让水平均不低于在此类谈判之前本协定所规定的减让水平，此类减让可包括对其他货物的补偿性调整。共同同意的谈判结果，包括任何补偿性调整，应当根据第二十章第四条（修正）反映在附件一（关税承诺表）中。

第二节　非关税措施

第十六条　非关税措施的适用

一、除非根据其在 WTO 或者本协定项下的权利和义务，一缔约方不得对任何其他缔约方的任何货物的进口或者任何货物向任何其他缔约方领土的出口，采取或维持任何非关税措施。

二、每一缔约方应当保证第一款所允许的非关税措施的透明度，并且应当保证任何此类措施的制定、采取或实施不以对缔约方之间的贸易造成不必要的障碍为目的，或产生此种效果。

第十七条　普遍取消数量限制

一、除本协定另有规定外，任何缔约方不得对从其他缔约方进口的任何货物或者向其他缔约方领土出口的任何货物采取或维持除关税、国内税或其他费用外的任何禁止或限制，无论此类禁止或限制通过配额、进口或出口许可或其他措施生效，但根据其在《WTO 协定》相关规定项下的权利和义务作出的禁止或限制除外。为此，GATT1994 第十一条经必要修改后纳入本协定并成为本协定一部分。

二、如一缔约方根据 GATT1994 第十一条第二款第（一）项采取禁止或限制出口的措施，该缔约方应请求应当：

（一）将此类禁止或限制及其原因、性质和预计期限通知其他缔约方，或者公布此类禁止或限制；以及

（二）向可能受到严重影响的另一缔约方或其他缔约方提供对此类禁止或限制相关的事项进行磋商的合理机会。

第十八条　非关税措施的技术磋商

一、一缔约方可以请求与另一缔约方就其认为对其贸易产生不利影响的措施

进行技术磋商。该请求应当以书面形式作出，并且应当明确指明该措施以及关于该措施如何对请求技术磋商的缔约方（本条以下称"请求方"）与被请求的缔约方（本条以下称"被请求方"）之间的贸易产生不利影响的关切。

二、如该措施涵盖在另一章项下，则应当采用该章规定的任何磋商机制，除非请求方和被请求方（本条以下合称"磋商方"）另有约定。

三、除第二款规定外，被请求方应当在收到第一款中提及的书面请求后 60 天内向请求方作出回复并开展技术磋商，除非磋商方另有决定，以期在提出请求后 180 天内达成共同满意的解决方案。技术磋商可以通过磋商方同意的任何方式进行。

四、除第二款规定的情况外，技术磋商请求应当散发给所有其他缔约方。其它缔约方可以请求参与磋商，并基于其在请求中所列明的利益进行磋商。任何其他缔约方的参与须经磋商方同意。磋商方应当充分考虑此类请求。

五、如请求方认为一事项紧急或者涉及易腐货物，可以请求在比第三款规定的期限更短的期限内进行技术磋商。

六、除第二款的规定外，不论作为请求方或被请求方，各缔约方应当向货物贸易委员会提交一份关于使用本条项下技术磋商的年度通报。该通报应当包含此类磋商进展和结果的摘要。

七、为进一步明确，本条项下的技术磋商应当不损害一缔约方与第十九章（争端解决）和《WTO 协定》项下争端解决程序相关的权利和义务。

第十九条　进口许可程序

一、每一缔约方应当确保所有自动和非自动进口许可程序以透明和可预测的方式实施，并且根据《进口许可程序协定》实施。任何缔约方不得采取或维持与《进口许可程序协定》不一致的措施。

二、在本协定对该缔约方生效后，每一缔约方应当迅速将任何现行的进口许可程序通报其他缔约方。该通报应当包括《进口许可程序协定》第五条第二款规定的信息。一缔约方应当被视为符合本款的规定，如：

（一）该缔约方已经将进口许可程序以及《进口许可程序协定》第五条第二款规定的信息向根据《进口许可程序协定》第四条设立的 WTO 进口许可程序委

员会通报（本章以下称"WTO 进口许可程序委员会"）；以及

（二）在本协定对该缔约方生效前，该缔约方最近一次向 WTO 进口许可程序委员会提交的对《进口许可程序协定》第七条第三款规定的进口许可程序年度调查问卷进行答复的年度文件中，该缔约方已就此类现行进口许可程序提供该调查问卷所要求的信息。

三、每一缔约方应当尽可能在生效前 30 天，将其任何新的进口许可程序以及对现行进口许可程序所做的任何修改通报其他缔约方。在任何情况下，一缔约方不得迟于公告之日后 60 天提供该通报。本款项下规定的通报应当包括《进口许可程序协定》第五条中规定的信息。如一缔约方根据《进口许可程序协定》第五条第一款、第二款或第三款向 WTO 进口许可程序委员会通报了一项新的进口许可程序或对现行进口许可程序的修改，则应当视为遵守本款。

四、在实施任何新的或修改的进口许可程序前，一缔约方应当在官方政府网站上公布新程序或者对程序的修改。在可能的情况下，该缔约方应当在新程序或对程序的修改生效前至少 21 天公布。

五、第二款和第三款要求的通报不影响进口许可程序是否与本协定一致。

六、根据第三款作出的通报应当明确在所通报的任何程序中是否：

（一）任何产品进口许可的条件对该产品所允许的最终用户有限制；或者

（二）该缔约方对获得任何产品的进口许可设定任何下列资格条件：

1. 产业协会的会员资格；

2. 产业协会对进口许可申请的批准；

3. 进口该产品或类似产品的历史；

4. 进口商或最终用户的最低产能；

5. 进口商或最终用户的最低注册资本；或者

6. 进口商与该缔约方领土内分销商有合同或其他关系。

七、在可能的范围内，每一缔约方应当在 60 天内答复另一缔约方关于各自许可机构采用的授予或拒绝进口许可的标准的所有合理咨询。该进口缔约方应当公布足够的信息，以便其他缔约方和贸易商了解授予或分发进口许可的依据。

八、不得因文件有轻微但未改变文件所包含基础数据的错误而驳回进口许可申请。文件的轻微错误可以包括例如页边距、使用的字体以及拼写错误在内的格式错误，此类错误显然没有欺诈意图或重大过失的情况。

九、如一缔约方拒绝另一缔约方某一货物的进口许可申请，应申请人的请求，该缔约方应当在收到该申请后的一段合理时间内向申请人解释拒绝的理由。

第二十条　进口和出口规费和手续

一、每一缔约方应当根据 GATT1994 第八条第一款，确保对进口或出口征收的或与进口或出口有关的所有任何性质的规费和费用（除了进口或出口关税、等同于国内税的费用或其他符合 GATT1994 第三条第二款的国内费用以及反倾销税和反补贴税）的数额限于所提供服务的近似成本，并且不构成对国内货物的间接保护，也不构成为财政目的对进口或出口征收的一种国内税。

二、每一缔约方应当迅速公布其征收的与进口或出口有关的规费和费用的细节，并且应当在互联网上提供此类信息。

三、任何缔约方不得要求与另一缔约方某一货物的进口相关的领事事务，包括相关的规费和费用。任何缔约方不得要求进口缔约方的海外代表或有权代表进口缔约方行事的实体对进口另一缔约方任何货物所提供的任何海关单证背书、认证或以其他方式出具证明或批准，也不得收取任何相关规费或费用。

第二十一条　部门倡议

一、缔约方可以决定就特定部门问题启动一项工作计划。如缔约方决定启动该工作计划，则该计划应当由货物贸易委员会制定和监督实施。缔约方应当努力在工作计划开始后的两年内完成该工作计划。

二、缔约方应当在同意涵盖在此类工作计划中的部门时，考虑所有缔约方的利益，包括缔约方在本协定谈判过程中提议过的部门或一缔约方确定的其他部门。

三、根据本条启动的任何工作计划应该以下列方式进行：

（一）增进缔约方对该问题的谅解；

（二）便利商业和其他相关利益方的参与；以及

（三）探讨缔约方可能采取的便利贸易的行动。

四、基于任何根据本条启动的工作计划的结果，货物贸易委员会可向 RCEP 联合委员会提出建议。